SuperBastelSpaß
Oster-Ideen

Seit mehr als 30 Jahren steht der Name „Christophorus" für kreatives und künstlerisches Gestalten in Freizeit und Beruf.

Genauso wie dieser Band ist jedes Christophorus-Buch mit viel Sorgfalt erarbeitet: Damit Sie Spaß und Erfolg beim Gestalten haben – und Freude an schönen Ergebnissen.

CHRISTOPHORUS
Bücher mit Ideen

SuperBastelSpaß

Das Beste aus der Brunnen-Reihe

Oster-Ideen

CHRISTOPHORUS

Inhalt

Fröhliche Ostern!

Und schon sind groß und klein mitten in der Vorbereitung für ein fröhliches Osterfest: Alle helfen, daß der Osterhase auch pünktlich ein hübsches Nest für seine bunten Eier und die kleinen Geschenke vorfindet, daß die Wohnung farbenfroh und fröhlich wie der Frühling geschmückt ist.

Die vorgestellten Bastelvorschläge sind überwiegend mit bunten Papieren oder Moosgummi gestaltet und einfach zum Nacharbeiten. Daher bieten sie Bastelspaß für die ganze Familie.
Somit finden Sie in diesem Band wieder die schönsten Kreativideen aus der Brunnen-Reihe neu zusammengestellt: Eier mit Naturfarben verziert, wirken am Osterstrauß zwischen dem ersten zarten Grün sehr attraktiv. Aber aus Ostereiern lassen sich noch ganz andere Dinge machen: freche und lustige Figuren aus Eiern, wie zum Beispiel ein stolzer Hahn, kleine Küken und kecke Marienkäfer.

Wie jedes Jahr wird auch das Fenster wieder Blickfang zur Osterzeit: Fensterbilder zeigen, daß hier kreative Leute wohnen!
Die bunten Osternester sind natürlich für die Kleinen ganz besonders wichtig. Was der Osterhase da wohl bringen mag?
Ideen für Frühlingsdeko, den Tischschmuck und Anhänger für den Osterstrauß bringen den Frühling garantiert in jedes Haus.
Die Geschenkideen sind auch für kleine Osterhasen leicht nachzubasteln und aus bunten Papieren und Moosgummi bestimmt der Hit.

Die Vorlagen in Originalgröße befinden sich im hinteren Teil des Bandes.

Viel Spaß beim Basteln und eine fröhliche Osterzeit wünscht Ihnen das Autorenteam!

Material und Technik

Hilfsmittel

- Cutter
- große und kleine Schere
- Schneide-unterlage
- Lineal
- Falzbein
- Klebstoff, z. B. UHU Alleskleber, UHU Bastel-kleber
- Klebestift, z. B. UHU stic
- Bleistift

Tonpapier und Tonkarton

Dieses Papier läßt sich als Grundmaterial und für Details sehr gut verwenden. Es ist auch in Regenbogenfarben erhältlich. Papierstärke: 130 g/qm und 300 g/qm.

Moosgummi

Der Fachhandel bietet Platten in vielen Farben und in Stärken von 1 bis 4 und 8 mm an. Für kleine Teile können Sie 1 mm oder 2 mm starke Platten verwenden. Für größere und tragende Teile sind die dickeren geeigneter.
Geklebt wird Moosgummi am besten mit UHU Alleskleber Kraft, UHU Power stic und einer Heißklebepistole.

Schneidearbeiten

Gut schneidende Scheren in verschiedenen Größen sind für saubere Bastelarbeiten unerläßlich. Für kleine und runde Formen eignet sich eine kleine, gebogene Schere besonders gut. Auch ein Cutter ist dafür geeignet: Den Cutter immer steil an einer Ecke aufsetzen und bis zur nächsten Ecke ohne Absetzen schneiden. Wellpappe läßt sich ebenfalls mit einem Cutter auf einer schnittfesten Unterlage gut durchtrennen.

❶ Eine Schablone herstellen. Dazu das Transparentpapier auf die gewünschte Vorlage legen und die Motive nebeneinander ohne Überschneidungen durchpausen. Auf einen dünnen Karton kleben und ausschneiden.

❷ Die Schablone auf den Tonkarton in der gewünschten Farbe legen und die Umrisse mit einem weichen Bleistift übertragen. Die aufgezeichneten Einzelteile mit einer Schere oder einem Schneidemesser ausschneiden.

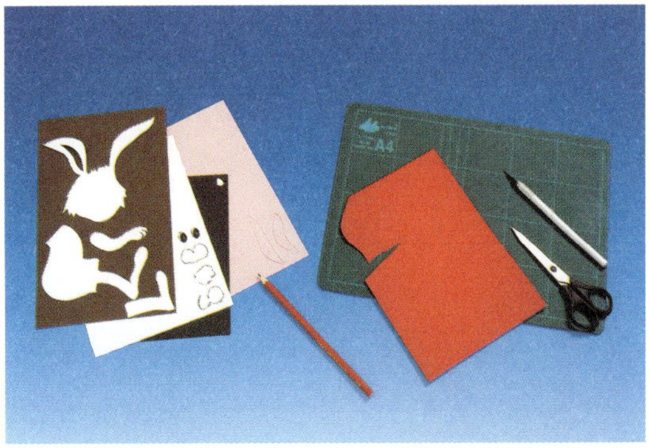

❸ Die ausgeschnittenen Motivteile anordnen, eventuell vorher auf der Vorlage positionieren. Danach mit wenig Klebstoff fixieren. Abschließend mit Filz-, Bunt- oder Lackstiften die Ergänzungen aufzeichnen. Schnauze und Augen werden häufig in einem Schnitt hergestellt und nur durch feine Linien getrennt.

Tip

- **Wenn Sie die Vorlage auf etwas stärkeres Papier kopieren, ist das Durchpausen und Aufkleben des Motivs nicht mehr erforderlich. Überschneidende Motive mehrmals kopieren.**
- **Ergänzungen, wie Pupillen und Innenlinien, können mit dünnen Filz-, Bunt- oder Lackstiften vorgenommen werden.**
- **Für die Augen schwarze und weiße Klebepunkte (8 mm, 12 mm ∅) verwenden. Wenn Sie mit einem weißen Lackstift Lichtpunkte in die Pupillen auftragen, wirken die Augen lebendiger.**

Grusskarten

Lustige Hasen

Material

- Fotokarton in Braun und Weiß
- Tonpapier in Grün, Gelb, Orange und Rotviolett
- Glanzkarton in Gelb

Hilfsmittel

- Bleistift
- Filzstift in Schwarz
- Schere
- Cutter
- Lineal
- Falzbein
- Bürolocher
- Klebstoff

Vorlagen

I a–l,
Seite 68

Hase mit Karte

❶ Zwei Hasen nach Vorlage 1a ausschneiden.

❷ Den vorderen Hasen mit Gesicht, Pfoten usw. ausarbeiten. Die eingezeichneten Einschnitte an den Pfoten mit dem Cutter ausführen. Die Mittellinie auf der Rückseite dünn mit Bleistift anzeichnen.

❸ Den zweiten Hasen in der Mitte falzen und falten. Die Falzkante außen mit Klebstoff bestreichen und an die Rückseite des vorderen Hasen kleben.

❹ Die Karte nach Vorlage und Abbildung gestalten und zwischen den Pfoten einstecken. Der rote Streifen kann beschriftet werden.

Hase mit Ei

❶ Den Hasen nach Vorlage herstellen.

❷ Das Osterei 1k mit gestanzten Papierpunkten bekleben und zwischen die Pfoten des Hasen stecken. Das Ei wird auf der Rückseite beschrieben.

❸ Nach der unten abgebildeten Vorlage eine Schachtel falten und an der Rückseite des Hasen befestigen.

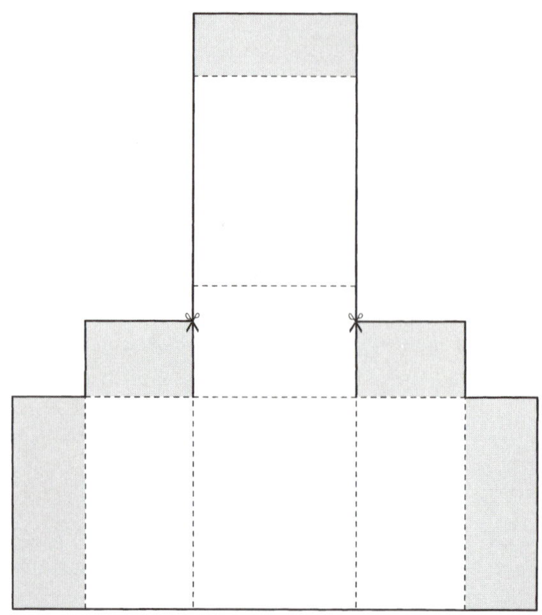

1 cm = 3 cm Originalgröße

Ostereier

Schnipsel-Eier

Material

- Ausgeblasene, weiße Eier
- Kreppapier oder Seidenpapier in Rot, Gelb, Blau, Grün
- Bast in Rot
- Kleister

Hilfsmittel

- kleiner Eimer
- alter Kochlöffel
- breiter Borstenpinsel
- Klebstoff
- Eierkarton
- Schaschlikstab
- Korkscheibe

❶ Eine kleine Menge Kleister anrühren (die Angaben auf der Packung entsprechend variieren).

❷ Aus farbigem Krepp- oder Seidenpapier Schnipsel reißen oder schneiden.

❸ Das Ei mit einem Schaschlikspieß und einer Korkscheibe auf einen Eierkarton stecken und mit Kleister bestreichen.

❹ Die Schnipsel auflegen und glattstreichen.

Tip: Mit Seidenpapier läßt sich eine interessante Oberflächenstruktur erreichen, wenn man in das Papier, solange der Kleister noch feucht ist, mit den Fingerspitzen kleine Falten drückt.

❺ Eine großzügig bemessene Aufhängeschlaufe aus Bast legen. Die Bastenden so verknoten, daß noch eine Schleife gebunden werden kann. Die Schleife auf das Ei kleben.

Punkte und Dreiecke

❶ Das Ei mit einem Schaschlikspieß und einer Korkscheibe auf einen Eierkarton stecken.

❷ Das Ei farbig gestalten.

❸ Aus Tonpapierresten Punkte mit dem Bürolocher stanzen oder kleine Dreiecke ausschneiden. Das Ei rundherum damit bekleben.

❹ Eine großzügig bemessene Aufhängeschlaufe aus Bast legen. Die Bastenden so verknoten, daß noch eine Schleife gebunden werden kann. Die Schleife auf das Ei kleben.

Material

- Ausgeblasene, weiße Eier
- Eierhalter oder Eierkarton, Schaschlikstab mit Korkscheibe
- Deckfarben
- farbiges Seidenpapier
- Reste von Tonpapier
- Bast

Hilfsmittel

- Pinsel
- Bürolocher
- Schere
- Klebstoff

Kreppapier-Eier

Material

- grüne Enteneier oder weiße Eier
- Feinkrepp in Regenbogenfarben
- Wasserfarben, auch in Gold, Silber
- dünner wasserfester Filzstift in Schwarz

Hilfsmittel

- Tapetenkleister
- Küchenpapier
- Pinsel
- evtl. Fön

Vorlagen

2 a, 2 b, Seite 68

Mit Feinkrepp beklebt

❶ Aus den verschiedenen Farbverläufen des Feinkrepps kleine Blättchen ausschneiden, dabei immer mehrere Lagen aufeinanderlegen.

❷ Dickflüssigen Kleister dünn auf das Ei streichen, die Blättchen von einer Spitze des Eies zur anderen immer etwas überlappend aufkleben und gut andrücken. Eventuell schnell mit einem Fön trocknen.

Geklebt und gemalt

❶ Die Enteneier nur zu einem Drittel bzw. stellenweise zur Hälfte mit kleinen Blättchen aus Feinkrepp in Grün- und Gelbtönen bekleben. Mit einem feuchten Küchenpapier den Kleister vom Ei abwischen, trocknen lassen.

❷ Mit Gold und Silber über dem „Gras" einen Hasen oder eine Katze und einige bunte Ostereier aufmalen. Die Mund- und Augenpartie unbemalt lassen. Mit Filzstift das Gesicht aufmalen.

Mandalas

Material

- **braune Eier**
- **Gouachefarben**
- **Granitfarben in Quartz, Kiesel, Moos, Ebenholz**

Hilfsmittel

- **Kreisschablone**
- **Bleistift**
- **Radiergummi**
- **dünner Pinsel**

Vorlagen

3 a, b,
4 a, b,
Seite 68

Gemalt und getupft

❶ Eine Kreisschablone mit einem Durchmesser von 36 mm auf das Ei legen und mit Bleistift den Kreis aufzeichnen. Im Abstand von ca. 1 cm zur Kreislinie einen weiteren Kreis ziehen. Die Kreise in acht oder sechs Teile teilen. Mit Hilfe dieser Linien kann man die verschiedensten Muster entwerfen und leicht mit Bleistift aufzeichnen.

❷ Die Felder entweder mit Gouache- oder mit Granitfarben bemalen. Dabei die Felder ganz ausfüllen oder einen kleinen Rand zum Nachbarfeld lassen, so daß die Eifarbe im Mandala wiederkehrt. Bei den bunten Eiern mit ganz ausgefüllten Feldern zum Schluß schwarze Umrisse auftragen, um die Abgrenzungen zu verdeutlichen. Besonders einfach ist es, die Farbe (hier: Granitfarbe) nur punktförmig mit dem Pinsel aufzusetzen.

Hühnerhof

Material

- Eier
- Bastelfarbe in Gelb, Blau, Hellbraun
- Tonpapier/ Tonkarton in verschiedenen Farben
- Tapete in Beige
- fester Karton
- Stroh
- Heu
- Blätter
- Körner
- Federn

Hilfsmittel

- Bleistift
- Schere
- Klebstoff

Vorlagen

5 a–l, 6 a–i, 7 a–e, Seite 68

❶ Für den *Hahn* ein Ei blau anmalen. Aus Tonpapier Hals, Schnabel, Flügel und hellgrüne Schwanzfedern, alle übrigen Teile aus Tonkarton in den entsprechenden Farben ausschneiden. Für die *Henne* ein braunes Naturei nehmen oder ein Plastikei hellbraun anmalen. Aus Tonpapier Hals, Augen und Flügel, alle anderen Teile aus Tonkarton ausschneiden. Als Beine jeweils zwei Streifen, 15 cm x 0,8 cm, aus gelbbraunem Tonkarton zu einer Hexentreppe falten. Alle Teile der Abbildung entsprechend aufkleben.

❷ Für die *Küken* Eier in Gelb anmalen. Den Schnabel aus Tonpapier, Flügel, Füße und Augen aus Tonkarton ausschneiden und entsprechend aufkleben.

❸ Einen Hühnerhof, etwa 25 cm x 40 cm, aus stabilem Karton mit passender Tapete oder mit Tonpapier bekleben. Hühner arrangieren und festkleben. Mit Körnern, Heu, Stroh und Federn verzieren.

Fliegende Käfer

Material

- Eier
- Bastelfarbe in Rot, Schwarz
- Velourspapier in Schwarz, Hellrot
- Tonkartonrest in Schwarz, Weiß
- Schreibmaschinenpapier
- Perlen in Rot, 5 mm ∅

Hilfsmittel

- Stickgarn in Rot zum Aufhängen
- Klebstoff
- Bleistift
- Schere
- Locher

Vorlagen

8 a–f,
Seite 68

❶ Mit Bleistift das Ei einteilen: die Flügel rot, den Bauch schwarz anmalen. Gut trocknen lassen.

❷ Beine sechsfach aus schwarzem Velourspapier im Papierbruch ausschneiden, zusammenkleben und an der Klebekante schmal umknicken. Aus schwarzem Velourspapier sechs Punkte und einen schmalen Streifen, etwa 8,5 cm lang, für die Teilung der Rückenflügel ausschneiden. Drei Locherpunkte, für die Pupillen und das hintere Blasloch, ausstanzen.

❸ Augen und Mund aus weißem Tonkarton, Fühler zweifach aus schwarzem Tonkarton ausschneiden. Alle Teile aufkleben. Aufhängefaden gut am Rücken festkleben, trocknen lassen.

❹ Für den fliegenden Käfer ein Ei schwarz anmalen. Aus rotem Velourspapier und weißem Schreibmaschinenpapier je einen Kreis, 6 cm ∅, ausschneiden. Diese Flügel in der Mitte auseinanderschneiden, fächern und ankleben. Den Rücken mit weißen Bögen verzieren, alle übrigen Teile wie oben beschrieben anbringen.

Fensterbilder

Osterhasen-Herz

Material
- 3D-Wellpappe
- Tonkarton
- Klebepunkte, 8 mm in Weiß
- Klebebuchstaben
- Satinband, 3 mm in Gelb
- Papierblüten

Hilfsmittel
- Lochzange
- Bleistift
- Klebstoff
- Schere

Vorlage
9, Seite 68

❶ Das Herz aus 3D-Wellpappe anfertigen. Häschenkörper zuschneiden, darauf das Ohrteil, die Haare, das Schnauzenteil, Schleife mit Klebepunkt bzw. Jäckchen mit Knöpfen (Lochzange) fixieren.

❷ Bei der Häsin den Arm mit der Blume aufkleben. Klebepunkte für die Augen befestigen und Augen, Schnäuzchen, Mund und sonstige Ergänzungen aufmalen. Grasplatte und Hasenpärchen auf dem Herz anordnen und mit Blümchen verzieren.

❸ Kleine Ostereier aus Regenbogen-Tonkarton zuschneiden und auf zwei Satinbändchen befestigen. Mit Klebebuchstaben versehen oder selbst beschriften. Die Bänder jeweils hinter die Hasenpfötchen kleben und über das untere Bein hängen lassen.

FROHE
OSTERN

Mein Wagen ist beladen...

Material

- **Tonkarton in Gelb, Rot, Grün, Hellbraun, Dunkelbraun, Blau**
- **Wackelauge, 10 mm ∅**

Hilfsmittel

- **Bleistift**
- **Klebstoff**
- **Schere**

Vorlage

10a, 10b
Seite 68

❶ Zuerst den Schnabel, die Füße und den hinteren Flügel am Körper des Kükens befestigen.

❷ Die angefertigte Stoffschleife am Küken anbringen und das Wackelauge aufkleben. Die Konturen am Schnabel übertragen und nachzeichnen.

❸ Den Wagen nach der Vorlage zusammensetzen, die bunten Bauklötze dabei zunächst hinter der oberen Öffnung ankleben. Die Deichsel des Wagens unter dem vorderen Flügel des Kükens befestigen.

Maulwurf

❶ Die Motivteile vom Vorlagenteil auf Fotokarton übertragen und ausschneiden.

❷ Den Maulwurfshügel auf Pappe übertragen und ausschneiden.

❸ Das Bananenpapier auf den Hügel aufkleben und die Konturen nachschneiden.

❹ Den Maulwurf ausgestalten.

❺ Den Maulwurf hinter den Hügel kleben und die Pfoten an Maulwurf und Hügel fixieren.

❻ Die Blütenkelche aufmalen und auf die Blütenblätter kleben.

❼ Grasbüschel und Blüten um den Maulwurf herum plazieren.

❽ Die Schmetterlinge ausgestalten, Punkte und Körper auf den Flügeln befestigen.

Material

- **Fotokarton in Schwarz, Rot, Weiß, Hellgrün, Grün, Orange, Rosa, Gelb, Blau**
- **Bananenpapier**
- **Pappe zum Hinterkleben**

Hilfsmittel

- **Filzstift in Schwarz**
- **Schere**
- **Klebstoff**
- **Bleistift**

Vorlagen

11, 12, Seite 68

Spielkameraden

❶ Die Motivteile vom Vorlagenteil auf Fotokarton bzw. Canson übertragen und ausschneiden.

❷ Die Ente ausgestalten: Schnabel, Auge und Flügel aufkleben.

❸ Den Hasen ausarbeiten: Ohr und Auge aufkleben, den Schwanz an der Körperrückseite anbringen. Gesicht und Konturen mit Filzstift aufmalen.

❹ Die Ente an die Hasenpfoten kleben und beide auf der Wiese fixieren.

❺ Marienkäfer anfertigen: Die Flügel auf die Körper kleben und Punkte aufmalen. Einen Marienkäfer auf der Wiese und den anderen Käfer direkt auf der Fensterscheibe befestigen.

Material

- **Fotokarton in Grün, Schwarz, Gelb, Hellgelb, Orange, Weiß, Rot**
- **Canson in Braun**
- **Wackelauge, 1,5 cm ∅**
- **Wackelauge, 8 mm ∅**

Hilfsmittel

- **Filzstift in Schwarz**
- **Bleistift**
- **Klebstoff**
- **Schere**

Vorlage

13, Seite 68

Häschen

Material

- Tonkarton in Hellbraun, Orange, Grün
- Tonpapier in Blau, Hellgrün, Rot
- Kreppapier in Grün, Rot, Blau

Hilfsmittel

- Bleistift
- Klebstoff
- Schere

Vorlagen

14 a–c, Seite 68

❶ Den Hasen dreimal aus hellbraunem Tonkarton ausschneiden. Das Gesicht beidseitig mit schwarzem Filzstift, die Bäckchen mit rotem Buntstift aufmalen.

❷ Das Kleid des Hasenmädchens zweimal aus rotem und zweimal aus blauem Tonpapier, die Hose des Hasenjungen zweimal aus hellgrünem Tonpapier ausschneiden. Die Kleidungsstücke beidseitig auf die Körper kleben. Kleine Stücke bunten Kreppapiers zu Kügelchen knüllen und beidseitig als Kette bzw. Hosenknopf aufkleben.

❸ Die Möhre viermal aus orangefarbenem Tonkarton ausschneiden. Aus grünem Kreppapier für jede Möhre zwei 5 x 2,5 cm große Streifen zuschneiden und kammartig einschneiden, beidseitig auf die Möhre kleben.

❹ Das Gras dreimal aus grünem Tonkarton ausschneiden. Die Teile in der Mitte falzen, umknicken und miteinander verkleben. Die Hasen mit Fäden an den Enden der Grasbüschel befestigen. Je zwei Möhren an den markierten Stellen auf dem Gras und an zwei Hasen anbringen. Zum Schluß einen Aufhängefaden in der Mitte der Grasbüschel anknoten.

Ein Nest für den Osterhasen

Häschen & Käfer

❶ Alle Teile, bis auf den Schnuller, aus 2 mm starkem Moosgummi schneiden. Die Faltlinien des Nestes leicht mit einem Cutter einritzen, so zu einem Ring zusammenkleben, daß der Bodenkreis (15 cm ⌀) bündig hineinpaßt. Die untere Kante mit Palm-Bordüre umkleben.

❷ Für das Häschen den Kopf, einen Arm und das Bein auf die Rückseite kleben, auf die Vorderseite die Haare, das Schwänzchen, den zweiten Arm, den Schnuller und die Augen. Eine Schleife um den Hals binden und Verzierungen aufmalen. Zum Schluß zwei kleine Tulpen in die Hände kleben.

❸ Hinter den Käferbauch Kopf, Arme und Flügel kleben. Vorne eine Schleife, die Beinchen sowie Augen und Punkte anbringen. Ebenfalls verzieren.

Material

- Moosgummi
  - 1 mm in Lavendel, Hellblau, Rosa
  - 2 mm in Grün, Braun, Dunkelblau, Blau, Weiß, Rot, Beige
- Palm-Bordüre, 50 cm
- Satinbändchen
- 2 kleine Stofftulpen
- 7 Glassteinchen in Schwarz

Hilfsmittel

- Bleistift
- Klebstoff
- Schere

Vorlagen

15 a–c, Seite 68

Alle meine Entchen

Material

- Fotokarton in Gelb, Blau und Grün
- Tonpapier in Orange
- Reborn-Karton in Grün und Blau

❶ Für den Boden mit dem Zirkel zwei konzentrische Kreise von 14 und 15,5 cm Durchmesser auf Reborn-Karton zeichnen und ausschneiden.

❷ In den äußeren Ring rundherum 1,5 cm breite Klebefalze einschneiden, falzen und aufrichten.

❸ Den Körbchenrand ankleben.

❹ Gras bzw. Wasser aus Fotokarton schneiden und an der gekennzeichneten Klebelinie so befestigen, daß die Wellen bzw. die Grasspitzen mit dem unteren Körbchenrand bündig abschließen.

5 Die Entchen beidseitig ausgestalten und gleichmäßig verteilt auf die Wiese bzw. zwischen Körbchenrand und Wellen kleben.

6 Die Schwanzfedern und die nach außen gewandten Flügel leicht biegen.

Hilfsmittel

- Bleistift
- Schere
- Klebstoff

Vorlagen

16 a–e,
Seite 68

Hasenkorb mit buntem Ei

Material

- Ei-Form aus Plastik (10 cm oder 6 cm lang)
- Seidenpapier in Weiß
- Bastelkrepp in Regenbogenfarben
- Tonkarton in Weiß, Braun
- Bananenpapier in Gelb

Hilfsmittel

- Nylonfaden
- schwarzer Filzstift
- brauner Farbstift
- Tapetenkleister
- Heißkleber
- Klebestift
- große Nähnadel
- Fön

Vorlagen

17 a–c, Seite 68

❶ Von einer Ei-Form aus Plastik den Aufhänger abschneiden. Ein Stück Seidenpapier um das Ei herumlegen. Das Papier dünn mit dickflüssigem Tapetenkleister bestreichen, dann kleine Stücke aus Seidenpapier auflegen und gut andrücken. Mehrere Schichten von Seidenpapier mit Kleister um das Ei kleben, dann das Ei zum Trocknen bei ca. 50° C in den Backofen legen. Das Ei an der dicksten Stelle mit einem Cutter quer teilen und von der Plastikform abziehen: abstehende Papiere im Inneren ankleben. Die Kuppe vom Ei abschneiden, den Ring und die Eihälfte mit Kleister und Seidenpapier wieder zusammenkleben.

❷ Um die Öffnung herum ca. 3 cm weit einen 10 cm breiten Streifen aus Bastelkrepp mit Kleister festkleben und oben blattförmig einschneiden. Von oben nach unten verschiedenfarbige Schuppen oder wie beim kleinen Ei Kreise aus Bastelkrepp mit Kleister aufkleben und gut andrücken.

❸ Für den Hasen weißen Tonkarton beidseitig mit Bananenpapier bekleben und die Form ausschneiden. Schnauze, Augen und Innenohren aus Tonkarton fertigen, Pupillen und Maul mit Filzstift einzeichnen, die Schnauze nach Wunsch mit Farbstift schattieren. Vier Abschnitte eines Nylonfadens als Barthaare durch die Schnauze führen, alle Teile ankleben. Nase, Haarbüschel und Fußunterseiten aus braunem Tonkarton fertigen, die Fußunterseiten auf der Rückseite der Füße festkleben.

❹ Beine und Füße knicken, die Beine in Kniehöhe überkreuzen und aufeinander fixieren, die Füße an der sich überlappenden Stelle aufeinanderkleben. Die „Arme“ nach vorne biegen und die „Hände“ an der Fußspitze befestigen.

Kecke Hühnchen

Material

- **Moosgummi, 2 mm in Gelb, Weiß, Orange, Rot**
- **4 Wackelaugen**
- **Naturbast**
- **2 Körbchen, ca. 6 cm ∅**
- **2 Glassteinchen in Schwarz**
- **Dekostoff in Gelb/Orange, kariert**
- **Satinbändchen**

Hilfsmittel

- **Bleistift**
- **Schere**
- **Klebstoff**

Vorlagen

18 a–d, Seite 68

❶ Alle Teile aus Moosgummi, Hose und Latz aus Stoff schneiden. Der Henne zunächst Kehlläppchen, dann Schnabel und Augen aufkleben. Hose und Latz an der oberen Kante umkleben und anbringen. Den überstehenden Stoff bis zum Moosgummi einschneiden und auf der Rückseite verkleben. Träger, Knöpfe (Glassteinchen), Füße und Kamm aufkleben.

❷ Hose für das Hühnchen aufkleben. Einen Flügel auf der Rückseite plazieren, ebenso die Füße. Augen und Schnabel anordnen und eine Bastschleife umbinden.

❸ Beide Tiere bemalen und jeweils an ein Körbchen kleben.

Der Ostertisch

Hühnchen

Eierwärmer

❶ Alle Teile zweimal, das Körperteil viermal in den entsprechenden Farben ausschneiden. Die vier Körperteile knappkantig mit der Nähmaschine zusammensteppen.

❷ Den Grasstreifen am unteren Rand so ankleben, daß er noch etwa 1 cm nach innen eingeschlagen und dort ebenfalls angeklebt werden kann.

❸ Alle übrigen Teile auf beiden Seiten anbringen. Perlen als Augen festnähen.

Hühner für den Osterstrauß

❶ Alle Teile zweimal in den entsprechenden Farben ausschneiden. Körper am Rand mit einer dünnen Klebelinie zusammenkleben. Am Kopf eine Öffnung zum Stopfen lassen.

❷ Das Huhn leicht mit Bastelwatte ausstopfen und die Öffnung schließen.

❸ Kopf- und Brustteile wie bei den Eierwärmern aufkleben. Füße auf die eine, den Schwanz auf die andere Seite kleben. Faden zum Aufhängen zwischen die beiden Kammteile kleben.

Material

- Filz in verschiedenen Farben
- Perlen in Schwarz
- Bastelwatte
- Perlgarn

Hilfsmittel

- Nähmaschine
- Nähgarn
- Nähnadel
- Klebstoff
- Schere

Vorlagen

19 a, b, Seite 68

Weiße Hasen

❶ Einen weißen, dünnen Karton ganzflächig mit weißem Japanpapier bekleben und den Hasenkörper mit den Beinen sowie den Kopf zweimal, einmal davon spiegelverkehrt, ausschneiden. Für die Karte die Teile jeweils nur einmal anfertigen.

❷ Für die Ohren ein Stück weißen Karton beidseitig mit weißem Japanpapier bekleben, die Form ausschneiden und diese mit einem Innenteil aus goldfarbener Wellpappe bekleben.

❸ Die beiden Teile für den Körper beim Eierbecher-Hasen bis auf die Beine zusammenkleben. Die beiden Teile für den Kopf aufeinander fixieren und dabei den Körper mit einfassen. Die Ohren ankleben und Bäckchen aus gelbem Japanpapier fixieren. Augen, Nase und Mund mit schwarzem Decorlack aufmalen. Den Schwanz zweimal aus goldfarbener Wellpappe ausschneiden, die Teile aufeinanderkleben und dabei die kleine Lasche am Hasenkörper mit einfassen. Eine 5,5 cm hohe Rolle mit einem Durchmesser von 4 cm aus goldfarbener Wellpappe kleben. Die glatte Innenwand ebenfalls mit Wellpappe verkleiden. Die Beine des Hasen aufbiegen und an der Rolle fixieren.

❹ Die beiden Teile für den Hasen als Serviettenhalter ganzflächig zusammenkleben und dabei am Bauch einen in der Mitte geknickten Streifen Karton mit einfassen.
Eine Rolle von 3 cm Höhe und einem Durchmesser von 3,5 cm aus Wellpappe fertigen. Einen kleinen Schnitt in der Mitte der Rolle, senkrecht zu den Rillen der Wellpappe, anbringen und die Laschen am Hasenkörper hindurchschieben. Die Laschen aufbiegen und an der Innenwand der Rolle festkleben. Die glatte Innenwand der Rolle mit Wellpappe verkleiden.

❺ Die Beine des Hasen für die Grußkarte oben nach innen knicken und festkleben. Alle Teile aufkleben (s. Vorlage).

❻ Die Hasen nach Belieben mit einem orangefarbenem Farbstift schattieren.

Material

- dünner Karton in Weiß
- Japanpapier in Weiß mit Goldfäden und Gelb
- Mikro-Wellpappe in Gold
- Karte (DIN A 6, hochdoppelt) in Blau
- Decorlack in Schwarz
- Farbstift in Orange

Hilfsmittel

- Schere oder Cutter
- Klebestift
- Kraftkleber

Vorlagen

20 a–c, Seite 68

Ein bunter Osterstrauss

Kleine Vögel

Wabenpapier besteht aus 26 bis zu 42 Lagen Seidenpapier, das mit Klebelinien verbunden ist. Wabengröße von 10 bis 25 mm.
Die Wabenteile müssen symmetrisch sein, da sie aus einem halben Schnitt entstehen und danach aufgefächert werden.

❶ Die Vögel nach der Vorlage aus Fotokarton ausschneiden.

❷ Auf jede Seite einen Wabenpapierhalbkreis kleben, auffächern und ankleben, dabei den Aufhängefaden mit einfassen.

❸ Schnäbel und Augen aufkleben, mit Lackstift ausgestalten.

Material
- **Fotokarton in Blau, Gelb und Rot**
- **Wabenpapier in Regenbogenfarben**

Hilfsmittel
- **Bleistift**
- **Klebstoff**
- **Schere**
- **Aufhängefaden**

Vorlagen
21 a, b, Seite 68

Osterhasen

❶ Die Eiformen nach der Vorlage aus Fotokarton oder Regenbogen-Karton ausschneiden.

❷ Die Hasen aus Tonpapier ausschneiden und mit den vorhandenen Materialien nach Belieben ausgestalten.

❸ Aufhängefaden auf der Rückseite der Eiform ankleben und mit einem gelochten Papierpunkt abdecken oder die Eiformen direkt an den Zweig hängen.

Material

- **Tonpapier in Ocker, Braun, Grün, Weiß**
- **Fotokarton oder Regenbogen-Karton in beliebigen Farben**
- **Reste von Tonpapier in beliebigen Farben**
- **Rest von Mikro-Wellpappe in Braun**
- **Klebepunkte, 8 mm ∅, in Schwarz**
- **Bastreste in Grün und Rot**

Hilfsmittel

- **Aufhängefaden**
- **Bleistift**
- **Schere**
- **Klebstoff**

Vorlagen

22 a–f, Seite 68

Material

Blumensträuße:

- **Canson in Weiß**
- **Tonpapier in Dunkelgrün, Gelb, Rot und Blau**
- **Klebepunkte, 12 mm ∅, in Weiß**
- **Reste von Kreppapier in Orange**
- **Aufhängefaden**

Osternest:

- **Tonpapier in Hell- und Dunkelgrün, Gelb, Rot und Blau**
- **Aufhängefaden**

Hilfsmittel

- **Aufhängefaden**
- **Bleistift**
- **Klebstoff**
- **Schere**

Vorlagen

23 a–h, Seite 68

Blumensträuße

Blumensträuße

❶ Die Eiformen nach den Vorlagen aus weißem Canson, Blüten und Blätter aus Tonpapier ausschneiden.

❷ Die Blüten ausarbeiten und auf das grüne Blattwerk kleben, dabei den Aufhängefaden mit einfassen.

❸ Das Blattwerk zwischen zwei deckungsgleiche Eischalen kleben.

Osternest

❶ Alle Teile des Motivs nach den Vorlagen aus Tonpapier ausschneiden.

❷ Die Eier auf den hellgrünen Grasbüschel kleben und dabei den Aufhängefaden mit einfassen. Das dunkelgrüne Grasbüschel aufkleben.

Und das bringt der Osterhase

Hasenbild

Material

- **Moosgummi**
  - **2 mm in Braun, Gelb, Blau, Weiß, Orange**
  - **3 mm in Weiß**
  - **2 Kreisformen in Grün, 1 cm ∅**
- **Zahnstocher**
- **3 Astscheiben**
- **2 Holzmöhren**
- **Holz-Ei**
- **Juteband in Grün, 8 x 50 cm**
- **2 Wackelaugen**
- **2 Glassteinchen in Schwarz**
- **Glasstein in Schwarz, oval**

❶ Die Wolke 24a aus 3 mm, alle weiteren Teile aus 2 mm starkem Moosgummi schneiden. Den Hasen in folgender Reihenfolge zusammensetzen: T-Shirt ausschneiden und darauf das Hosenvorderteil kleben. Hosenträger nach hinten biegen und dort fixieren. Auf der Rückseite Beine und Füße anordnen. Hinter die Ärmel die Hände kleben. Kopf mit Innenohren, Nase und Augen plazieren. Verzierungen aufmalen.

❷ Das Küken hinter das Ei kleben, einen Flügel auf der Rückseite anordnen. In diesen das Fähnchen aus Zahnstocher und Moosgummi kleben.

❸ Das Juteband, am unteren Wolkenrand drapiert, aufkleben. Figuren, Holz-Ei, Möhren und Astscheiben anordnen. Auf der Rückseite zwei Aufhängeösen anbringen.

Tip:
Das Ei und die Möhren können auch aus Moosgummi gestaltet werden!

Hilfsmittel

- 2 Aufhängeösen
- Bleistift
- Schere
- Klebstoff

Vorlagen

24 a–h,
Seite 68

Hüpfender Hase

Material

- Tonkarton in Weiß, Rehbraun
- Regenbogen-Wellpappe
- Abschnitt von einer Papprolle (vom Verpackungsband, ca. 8 cm ∅, ca. 3,8 cm hoch)
- beliebiger Karton
- schwarzer Filzstift
- 4 kleine Knöpfe
- Zwirn
- Zugfeder (9 mm ∅, 18 cm lang)

❶ Die obere Hälfte des Hasen mit den beiden „Armen", den Kopf mit Ohren sowie die beiden unteren Beine aus rehbraunem Tonkarton ausschneiden. Die Felder an den Beinen, die Kreise für die Augen, das Innere der Ohren und den Brustfleck aus weißem Tonkarton fertigen und aufkleben. Augen, Nase und Maul mit schwarzem Filzstift einzeichnen.

❷ Ein Stück der Papprolle, am besten mit einem Cutter (Erwachsene!), herausschneiden (= obere Öffnung der Hose). Das vordere und hintere Teil der Hose aus einem beliebigen Karton ausschneiden und an den Außenseiten mit je zwei verschiedenfarbigen Teilen aus Wellpappe bekleben.

❸ Zwei 42 cm lange und ca. 1,4 cm breite Hosenträger aus Wellpappe ausschneiden und so an den Außenseiten des hinteren und vorderen Hosenteils ankleben, daß sie sich in der Mitte überkreuzen. Nach Wunsch an den Enden einen kleinen Knopf durch den Karton hindurch annähen.

❹ Die „Beine" an der Innenseite des Hosen-Vorderteils ankleben. Die Papprolle zwischen die beiden Hosenteile einkleben, durch Heißkleber die Verbindung von Rolle und Abdeckungen zusätzlich sichern. Einen ca. 45 cm langen und 3,8 cm breiten Streifen aus Wellpappe ausschneiden. Mit dem mittleren Stück des Streifens die Rolle außen verkleiden, die beiden Enden nacheinander ins Innere der Hose biegen und an der Wand der Papprolle bzw. an der bereits nach innen geklebten Wellpappe befestigen.

❺ Die beiden Hosenträger in der Mitte mit Zwirn zusammenbinden und die Zugfeder einhängen. Die „Arme" umbiegen und an den Hosenträgern festkleben. Mit der richtig dosierten Füllung im Bauch (je nach Größe vier bis sechs Ostereier aus Schokolade) hüpft der Hase auf und ab.

Hilfsmittel

- Schere
- Cutter
- Klebestift
- Heißkleber
- Nähnadel

Vorlagen

25 a–c,
Seite 68

Tweetys Geldbörse

Material
- Moosgummi, 2 mm in Grün, Gelb, Rot
- 2 Glassteinchen in Schwarz
- Bändchen in Rot/Weiß, kariert
- Klettband in Weiß, 3 cm

Hilfsmittel
- schwarzer Filzstift
- Bleistift
- Schere
- Klebstoff

Vorlage
26, Seite 68

1. Das Moosgummi nach der Vorlage zuschneiden. Achten Sie auf gerade Schnitte!

2. Die Geldbörse aus dem grünen Moosgummi wird zusammengelegt und an den Außenkanten sauber verklebt.

3. Gemäß der Vorlage das Kükenteil ausschneiden. Schnabel, Augen und die kleinen Füße ankleben. Aus einem Schleifenband die Halsschleife legen und am Kükenhals mit etwas Klebstoff befestigen.

4. Mit einem feinen schwarzen Stift die Verzierungen aufmalen.

5. Zum Schluß noch das Klettband zum Verschließen aufkleben und fertig ist die niedliche Geldbörse.

Material

- Tonpapier in Dunkelblau, Weiß und Orange
- Fotokarton in Weiß
- 4 Wattekugeln, 4 cm ∅
- 2 Holzperlen in Blau, 1,5 cm ∅
- Flaumfedern in Gelb
- Wolle in Weiß

Hilfsmittel

- Filzstift in Braun
- Deckweiß, Deckfarbe in Gelb
- Pinsel

Vorlagen

27 a–c, Seite 68

Schiffschaukel

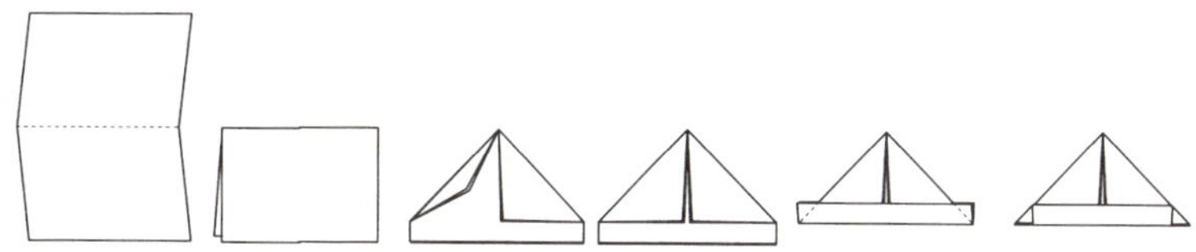

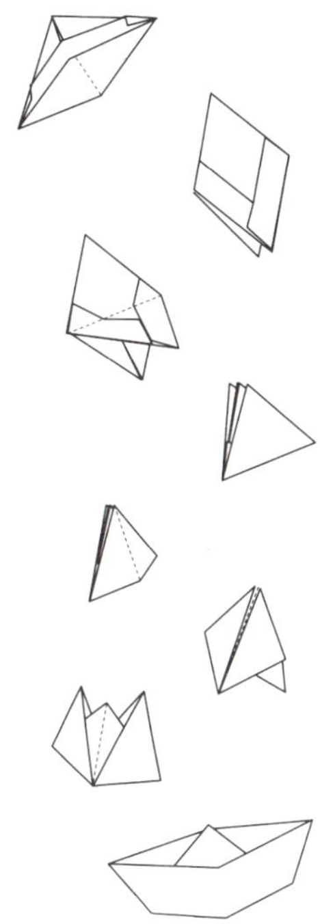

❶ Das Schiff aus Tonpapier, 50 x 35 cm, falten. Einen 8 mm breiten weißen Zierstreifen ankleben. Bänke aus Fotokarton 5 mm vom Rand entfernt an Heck und Bug einkleben.

❷ Für die Küken je zwei Wattekugeln gelb färben und aufeinanderkleben. Schnabel und Füße aus Tonpapier anfertigen. Die Augen aufmalen. Für die Flügel lange, für den Schwanz eine kurze Feder wählen. Flaum als Kopfschmuck aufkleben.

❸ Zwei 75 cm lange Kordeln aus weißer Wolle drehen. Auf beiden Seiten des Schiffes in Höhe der Bänke mit einer Scherenspitze Löcher stechen. Die Kordelenden von außen durchstecken und unter den Bänken ankleben.

❹ Die Holzperlen über beide Kordeln ziehen und nach 8 cm Länge verknoten.

❺ Küken fixieren. Die Flügelfedern vorn umbiegen und an die Kordeln kleben.

Häschen auf der Schleife

❶ Für den Hasen auf das Oberkörperteil die Latzhose kleben. Beidseitig die Arme anbringen. Hosenträger aufkleben, als Knöpfe dienen zwei Glassteinchen. Kopf, Schwänzchen und einen kleinen Stoffflicken plazieren. Auf die Rückseite Hosenbein und Füße kleben.

❷ Hinter dem Käferbauch das Köpfchen und die Beine anbringen. Glassteinchen als Punkte aufkleben.

❸ Verzierungen aufmalen. Hase und Käfer auf eine große Schleife aus Naturbast kleben. Fertig ist eine schöne Tischdekoration oder Paketverzierung.

Material
- Moosgummi, 2 mm in Braun, Gelb, Grün, Rot, Beige, Weiß
- Wackelaugen
- 3 Glassteinchen in Schwarz
- Stoffstückchen, 2,5 x 2,5 cm
- Schleife aus Naturbast

Hilfsmittel
- Schere
- Bleistift
- Klebstoff

Vorlagen
28 a–d, Seite 68

Deko-Ideen für groß und klein

Schäfchen

Material

- Wellpappe in Weiß, Grün
- Tonkarton in Grau, Braun
- Filzstift in Schwarz

Hilfsmittel

- Bleistift
- Klebstoff
- Schere

Vorlage

29, Seite 68

❶ Die Grundform einmal aus weißer, den Grasstreifen zweimal, gegengleich, aus grüner Wellpappe, die Gesichtsteile und Hufe aus Tonkarton ausschneiden. Mit einem runden Bleistiftrücken vorsichtig die Körperform in die Wellpappe drücken, damit diese nicht knickt. Danach die Knickstellen nachfahren.

❷ Das Gesicht mit Filzstift aufmalen und aufkleben. Die Grasstreifen an eingezeichneter Stelle falzen und umknicken. Die Hufe und das Schaf dazwischen kleben.

Der Gärtner

Material

- **Moosgummi**
  - **1 mm in Fleischfarbe, Schwarz**
  - **2 mm in Braun, Gelb, Blau, Orange, Weiß**
- **Glassteinchen in Schwarz, oval**
- **Holztulpe, ca. 35 cm hoch**
- **Metallgießkanne**
- **Dekostoff, ca. 25 x 10 cm in Orange/Gelb, kariert**
- **Holzstab, 4 mm ∅, 40 cm**

Vorlage

30 a–g, Seite 68

❶ Alle Teile, bis auf Ohrinnenteil und Nase, aus 2 mm starkem Moosgummi schneiden. T-Shirt auf dem Oberkörper, hinteres Hosenteil versetzt auf dem vorderen fixieren. Rückenteil hinten, die zwei Jackenteile mit Kragen vorne anbringen. Die Füße zwischen die Hosenkrempen kleben.

❷ Auf Vorder- und Rückseite die Ärmel samt Händen sowie die Ohrinnenteile aufkleben. Die Haare hinter dem vorderen Ohr, dann das hintere Ohr anbringen. Die Zähne kantig in die Schnauze kleben. Knöpfe, Nase und Augen plazieren.

❸ Stoffstückchen zu einem Schlauch zusammenkleben, als Schal um den Hals binden. Eine Hand um den Gießkannengriff biegen und festkleben, die zweite Hand um den Blumenstiel.

❹ Auf der Hasenrückseite den Holzstab befestigen, ca. 10 cm nach unten hinausstehen lassen. Verzierungen aufmalen.

Dekorativer Eierschmuck

Material

- Kunststoffeier
- Kokospapier
- Naturpapier „Granit“
- Viskosebast
- Stanzteile aus Wellpappe, 3,5 cm
- Band, 4 cm
- Blümchen
- Messingstab, ca. 1,5 mm ∅

Hilfsmittel

- Tapetenkleister
- Heißkleber
- Holzstäbchen

Eierkranz

❶ Die Hälfte der Eier (5 Stück) mit dunkelgrünem Kokosfaserpapier beziehen: kleine Papierstücke und das Ei mit dick angerührtem Kleister bestreichen. Zuschnitte von ca. 17 x 10 cm aus Naturpapier „Granit“ für die übrigen Eier mit Kleister bestreichen, leicht geknautscht festdrücken. Überstehende Teile abschneiden und die Kanten gut anpassen. Den Bast mit Kleister bestreichen und auf die noch feuchte Oberfläche drücken und das Ei umwickeln.

❷ Die getrockneten Eier auf einen Draht auffädeln und die Enden gut zusammendrehen. Restliche Verzierungen mit Wellpappestanzteilen, Deko- und zweifarbigen Bastschleifen sowie Blümchen ergänzen.

Eierstecker

Eier in der gleichen Technik gestalten, auf einem Holzstäbchen oder einem Steckdraht befestigen und mit einer Schleife verzieren.

Auch als Straußanhänger sind diese Eier sehr dekorativ.

Vorlagen	auf Seite
1, 2, 3, 4	68-69
5, 6, 7, 8	70-71
9, 10	72-73
10, 11	74-75
12, 13, 14, 15, 16	76-77
16, 17	78-79
18, 19, 20	80-81
20, 21, 22	82-83
23	84-85
24	86-87
25, 26, 27	88-89
28, 29	90-91
30	92-93

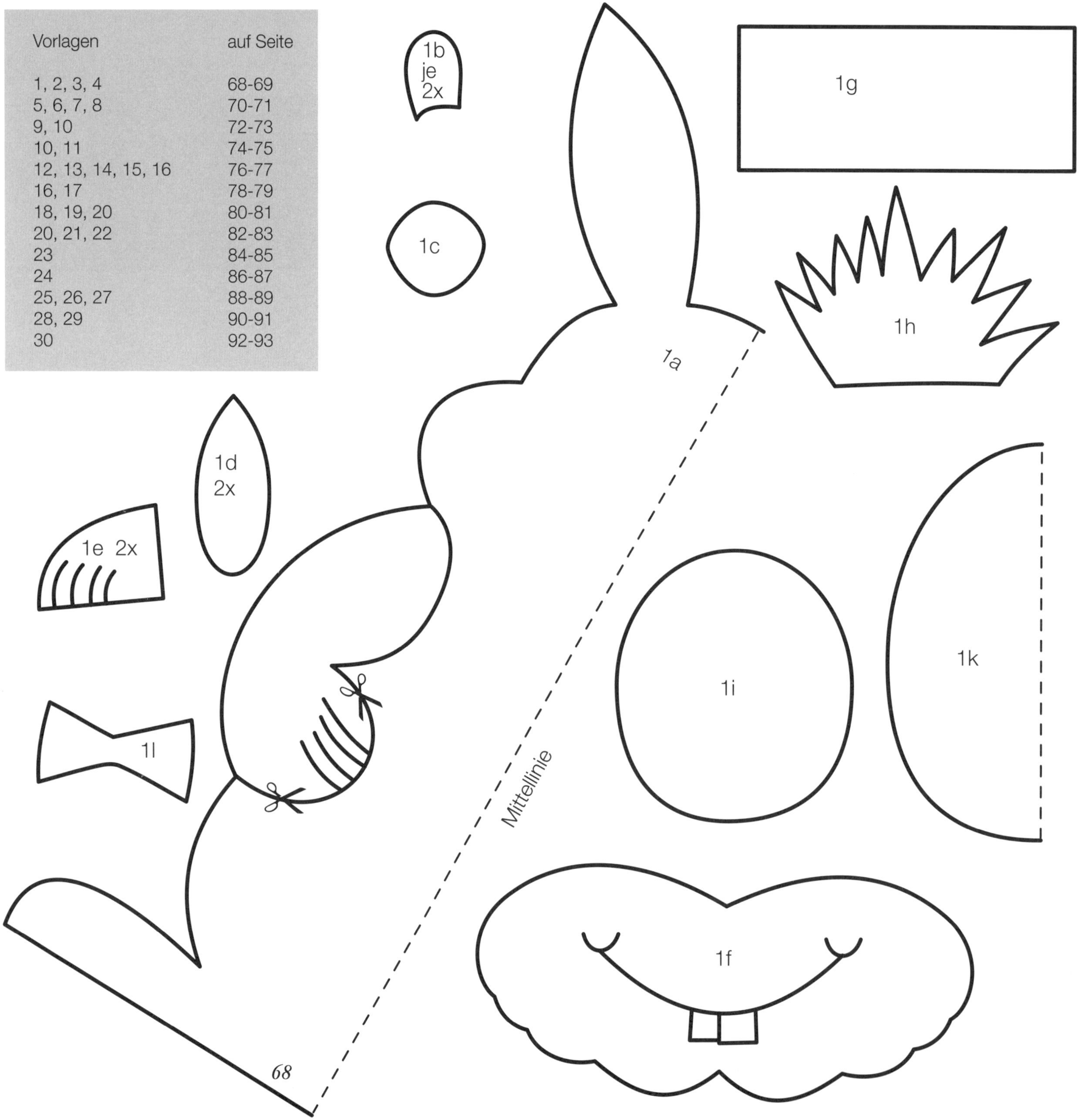

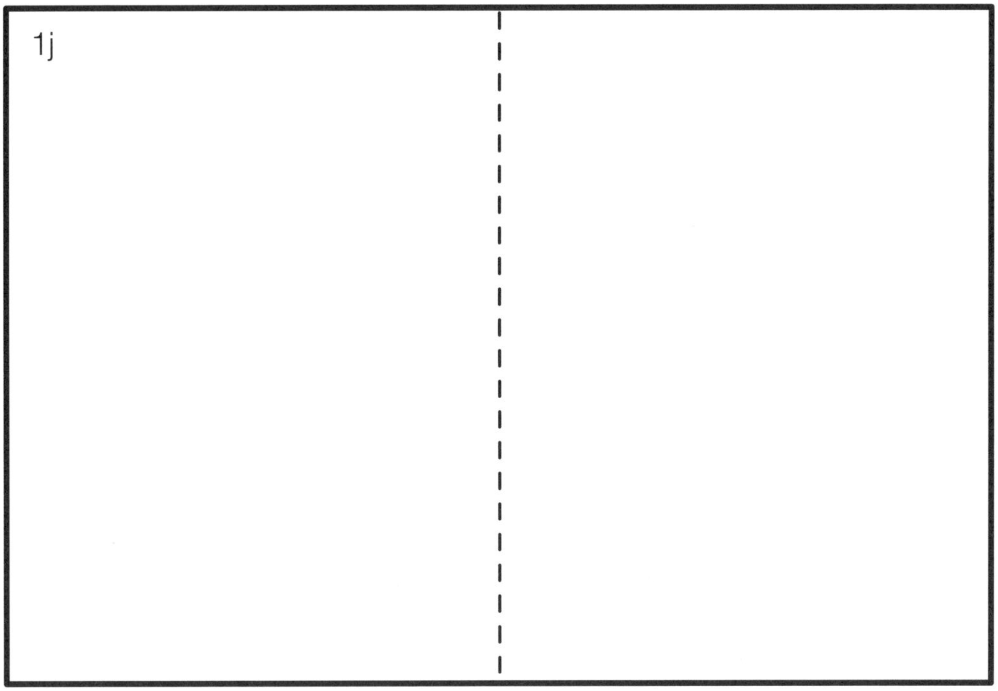

1j

2a

2b

3a

3b

4a

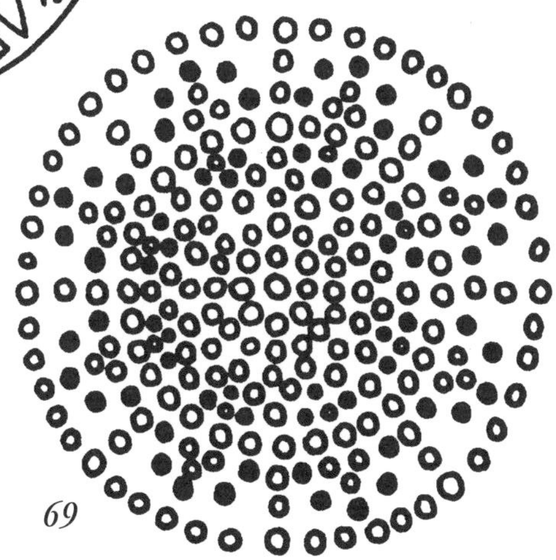

4b

5a
2x
5b
2x
5f
2x
5e
2x
5d
2x
5c
2x
6a
2x
5g
2x
5l
2x
5i
2x
5k
2x
6b
2x
5h
2x
5j

6f
2x
6g
2x
6i
2x
6h
2x
6e
2x
6c
2x
6d
2x
8b 2x
7d
8c
2x
7a
8d
7e
2x
7b
8e 2x
7c
2x
8a
2x
8f 3x

9

10a

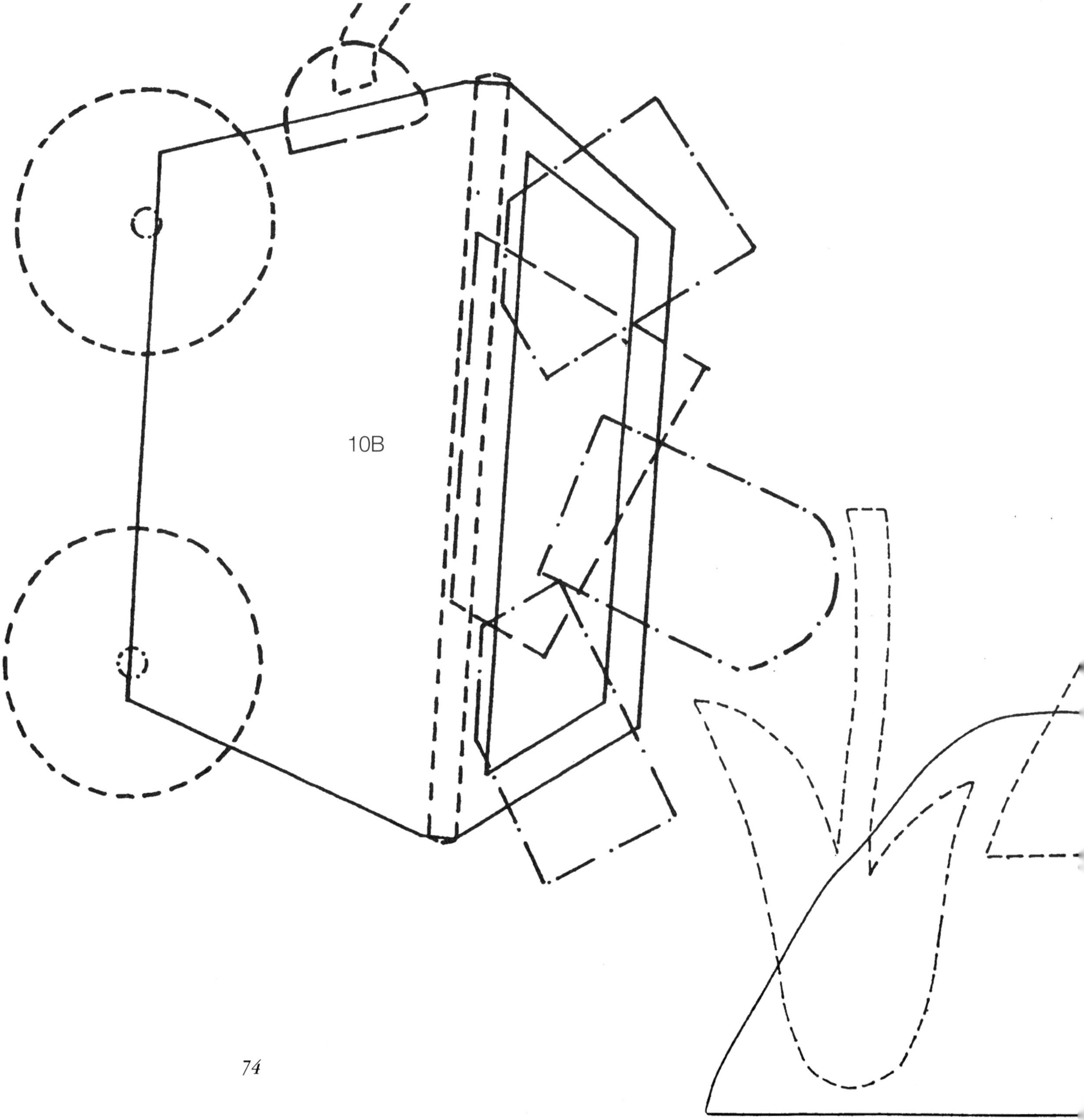
10B

11
75

13
12
14c

14b
16a
15b
16b
ca. 46 cm
15c
14a
15a
+ 38 cm verlängern

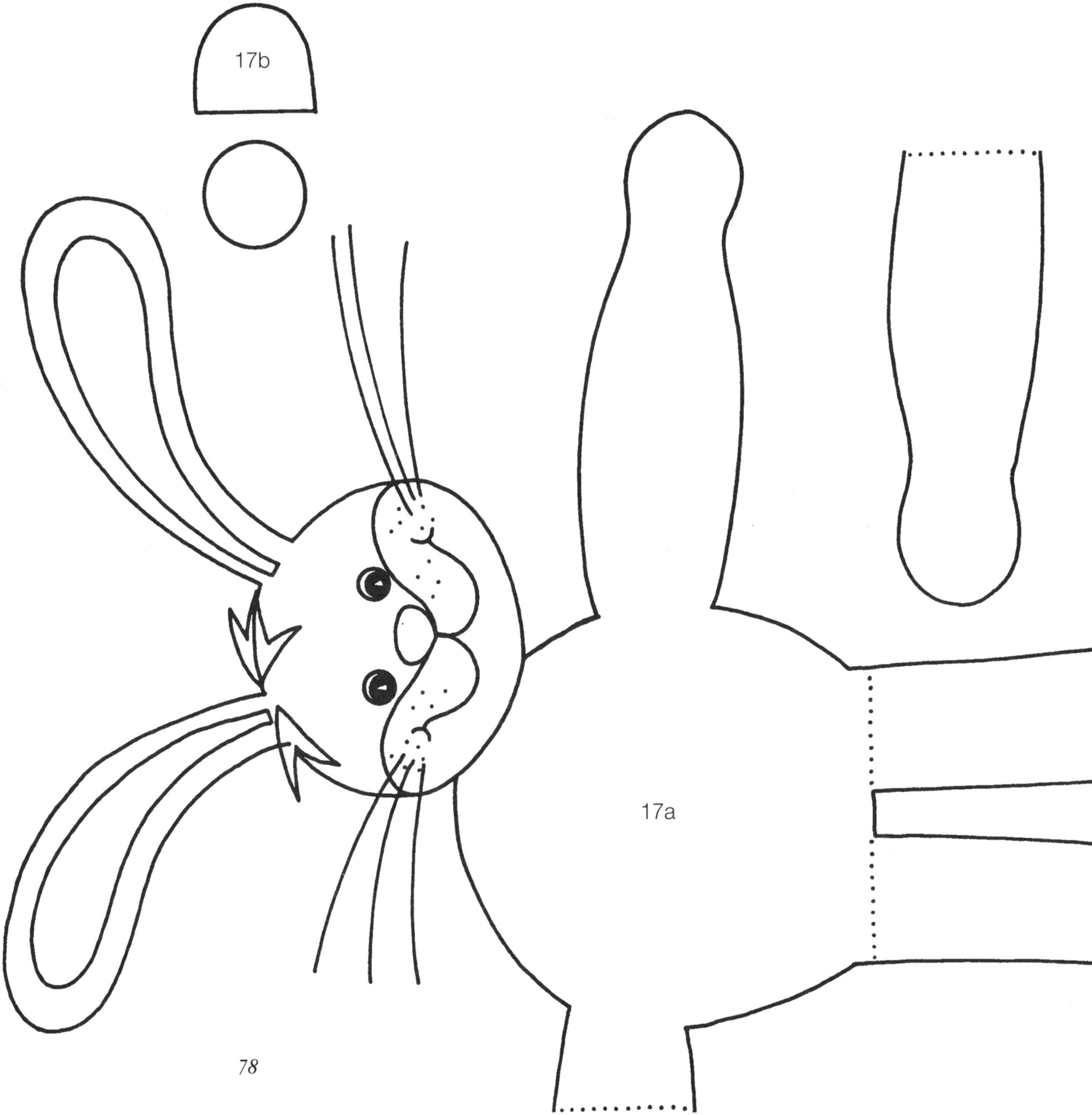
17b
17a

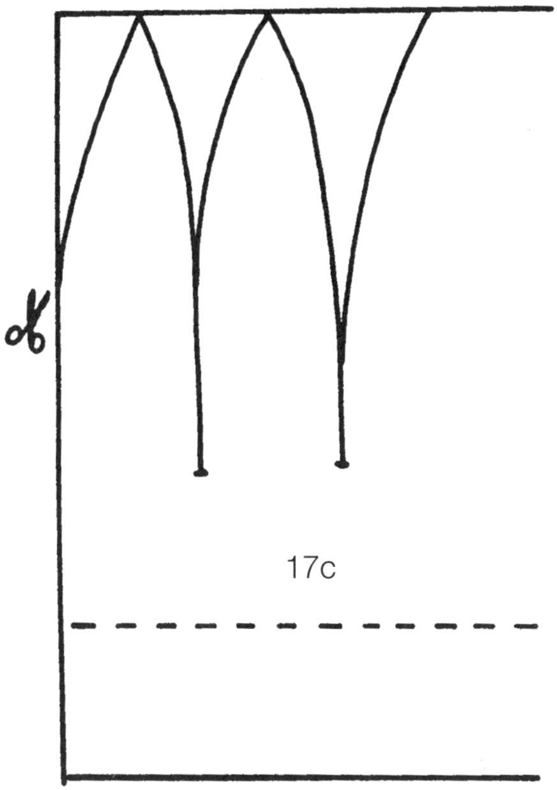
17c

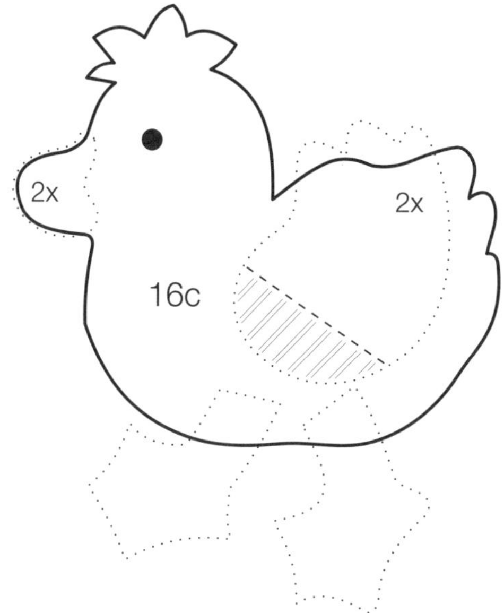
2x
2x
16c

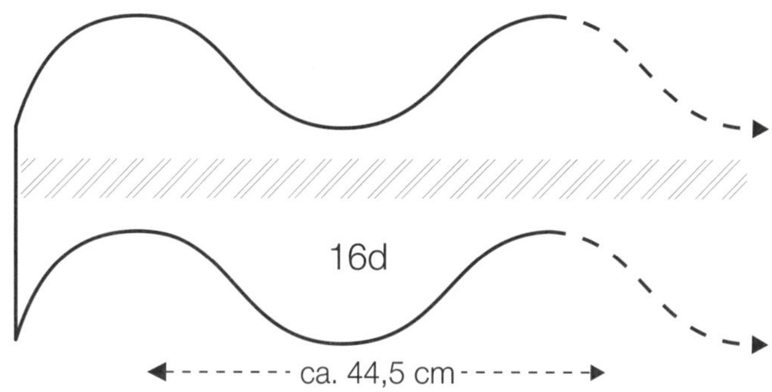
16d
ca. 44,5 cm

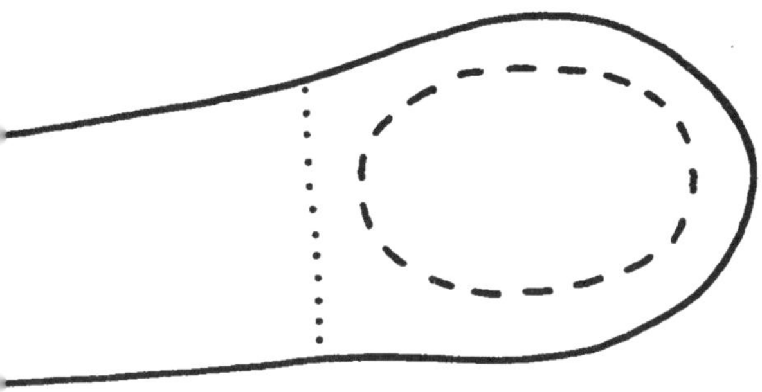

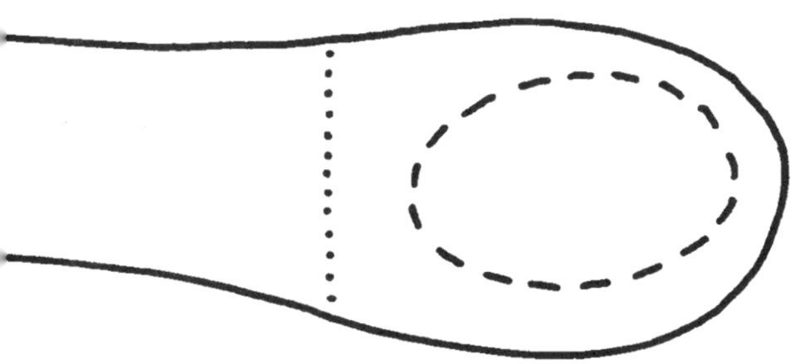

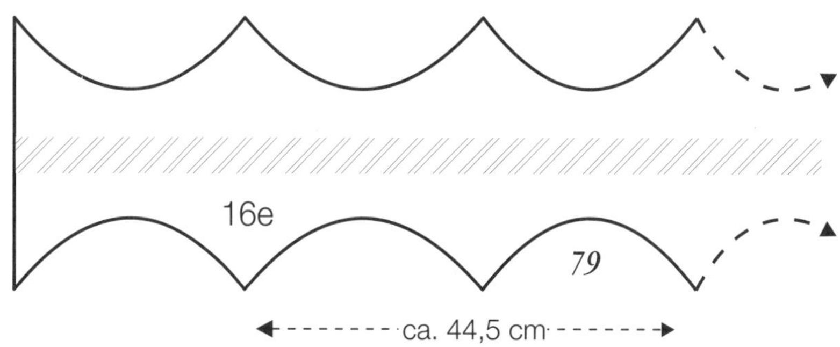
16e
ca. 44,5 cm

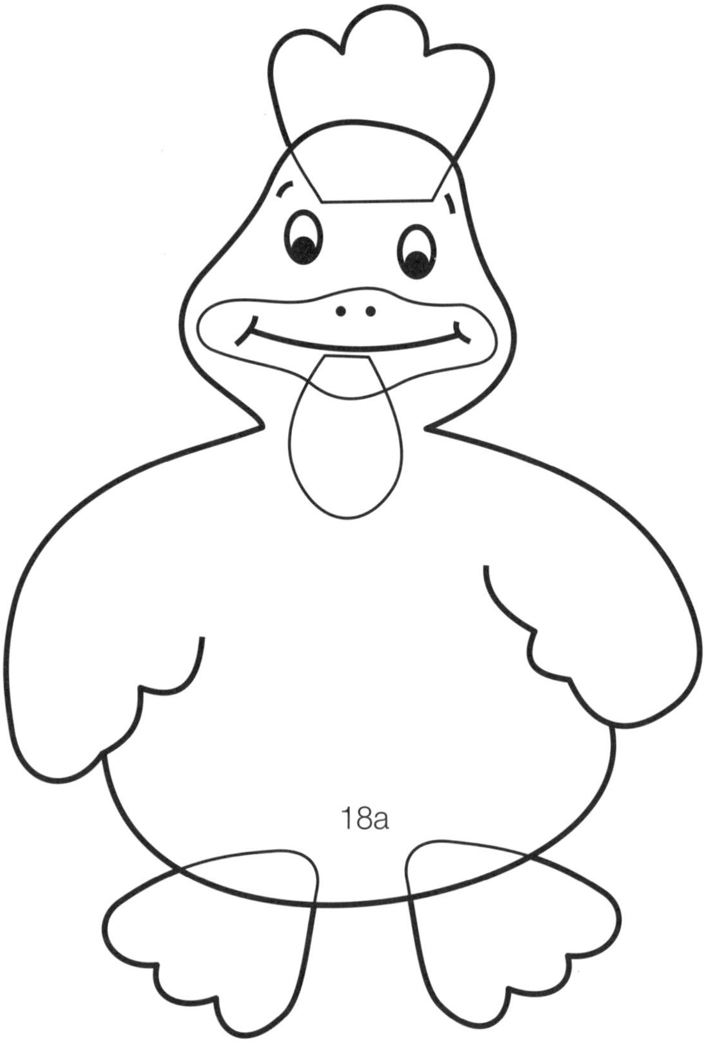
18a

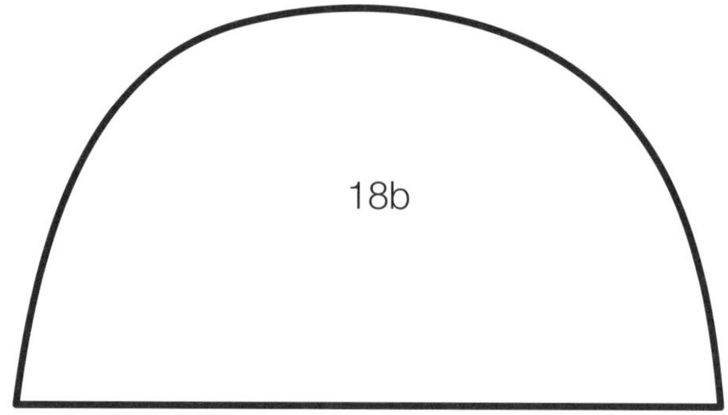
18b

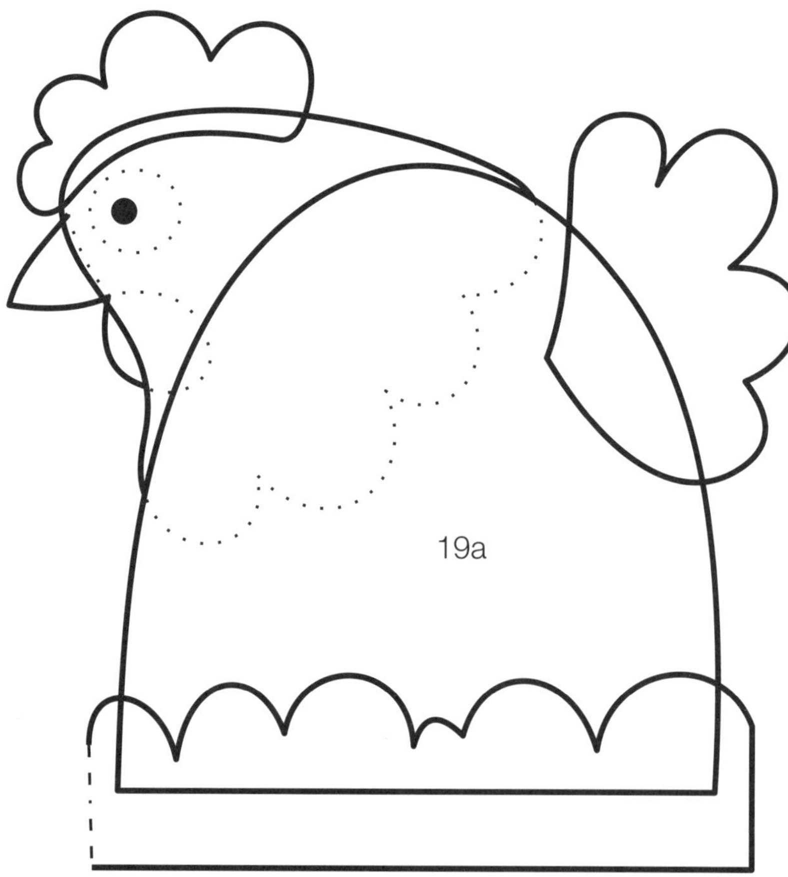
19a

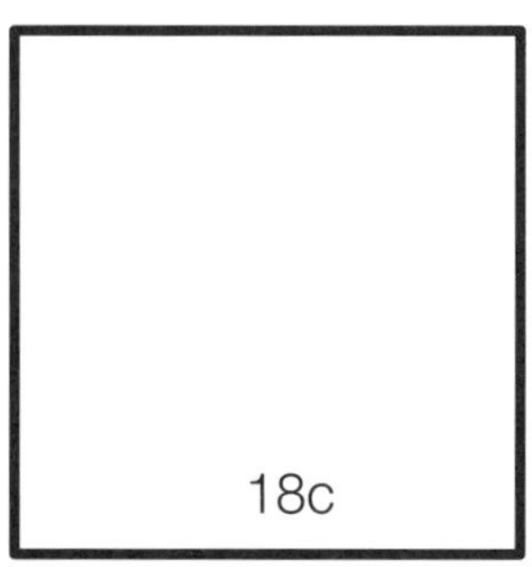
18c

18d

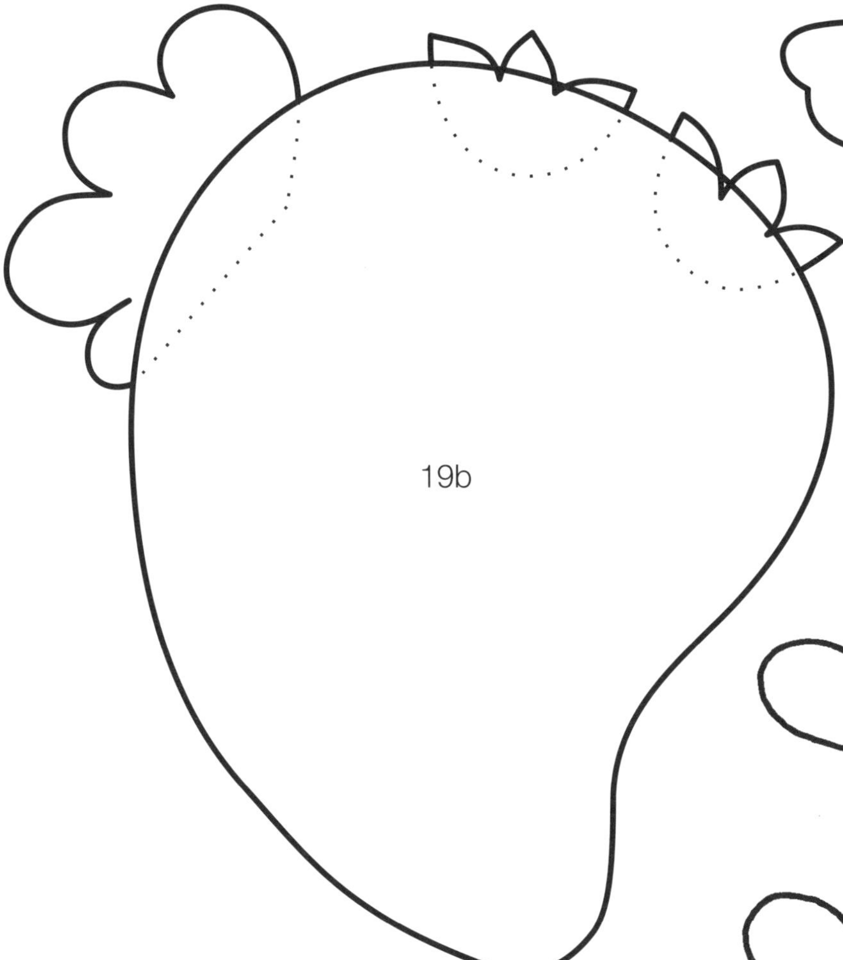
19b

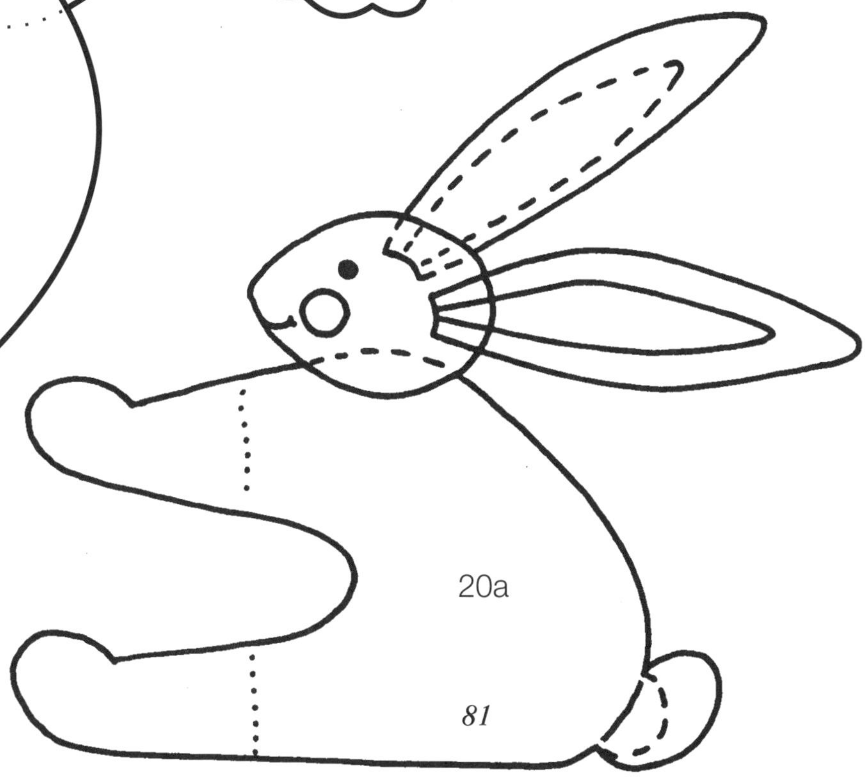
20a

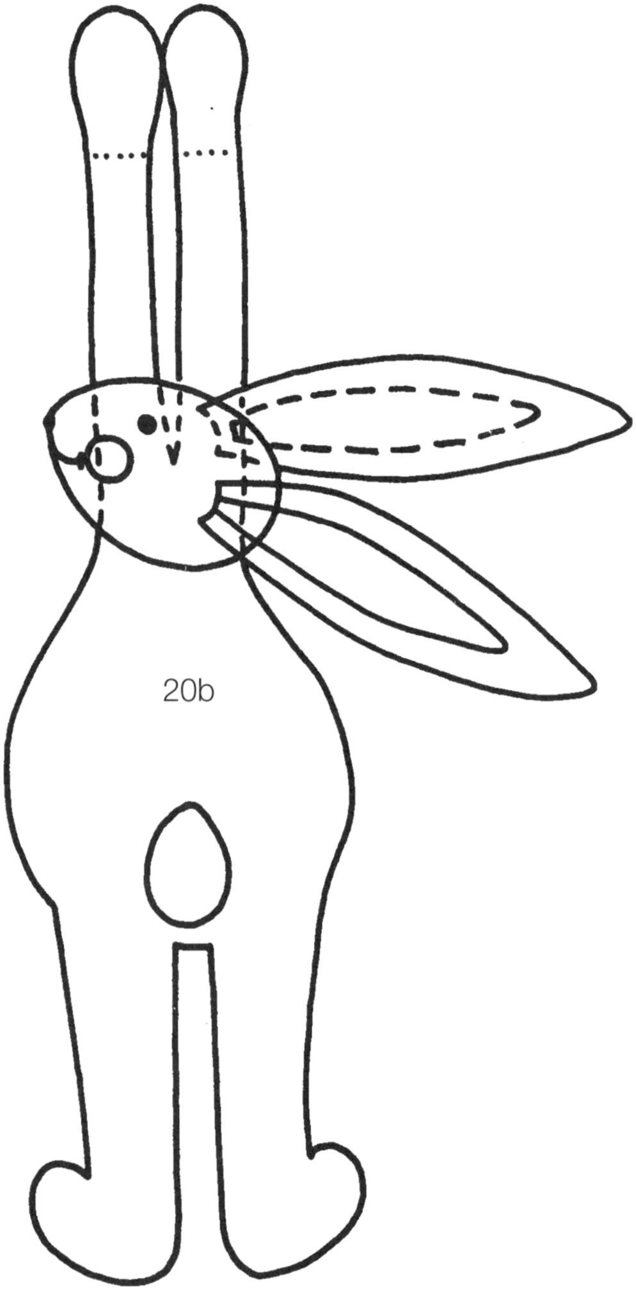
20b

21a

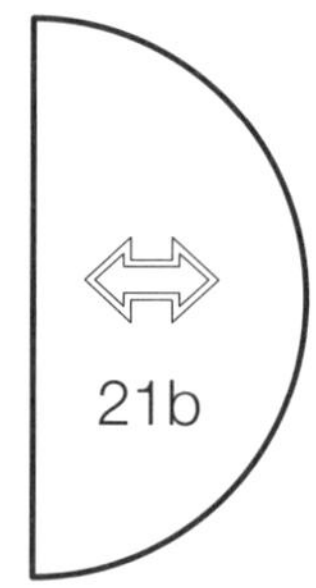
21b

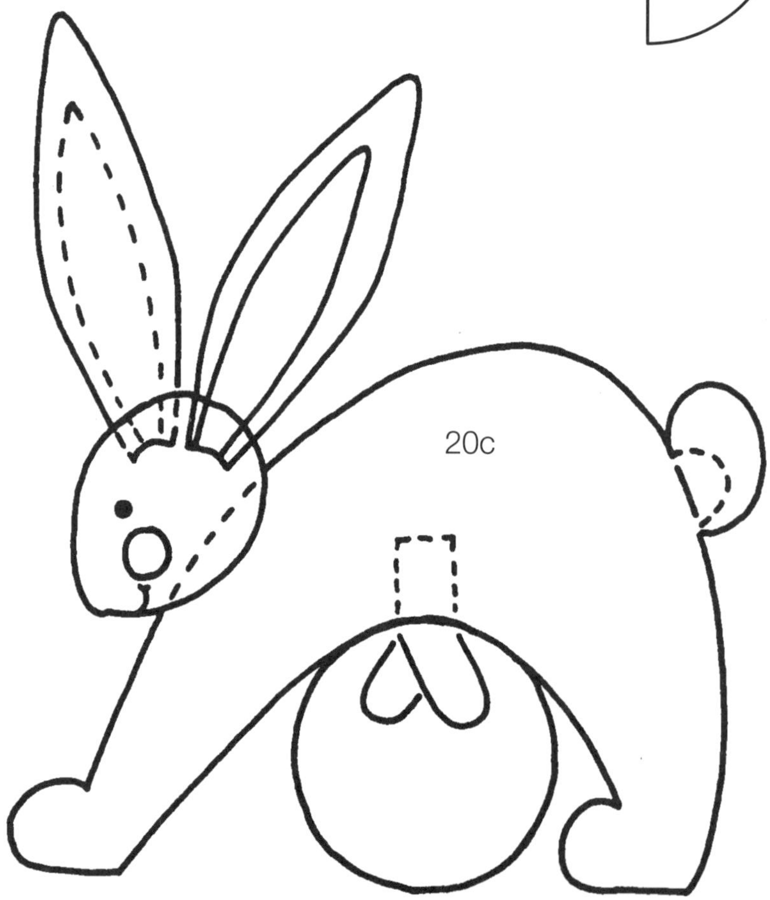
20c

22c
22d
2x
22b
2x
22f
22a
22e
2x

23a

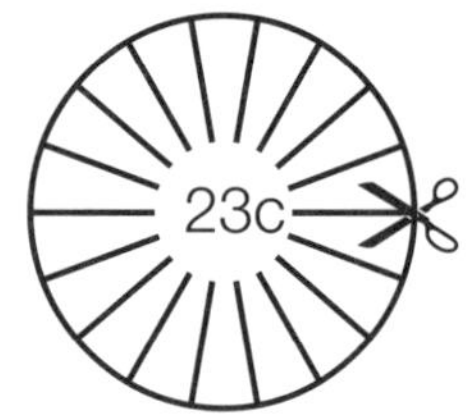
23c

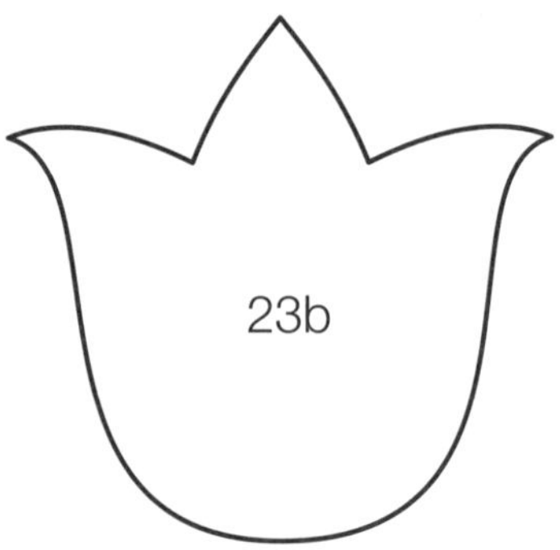
23b

23e

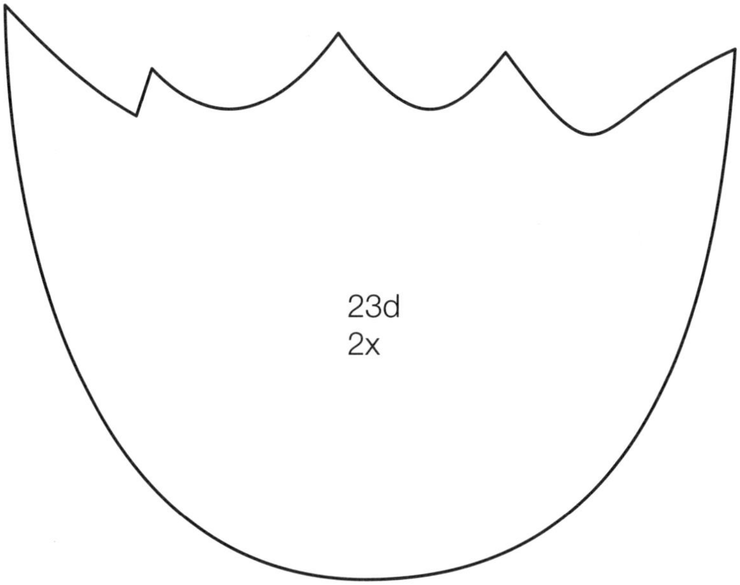
23d
2x

23f

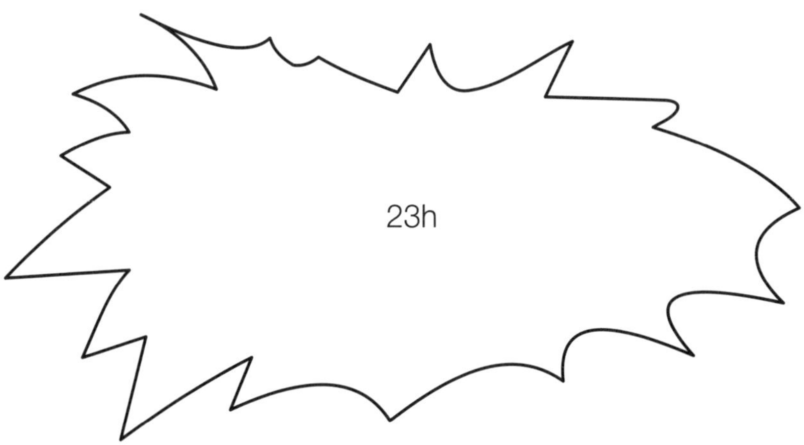
23h

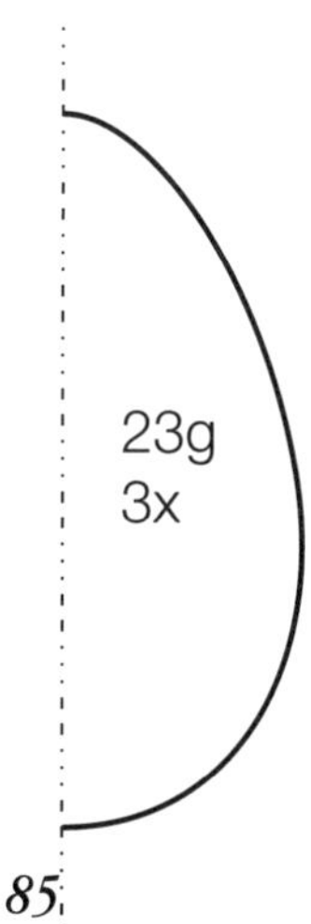
23g
3x

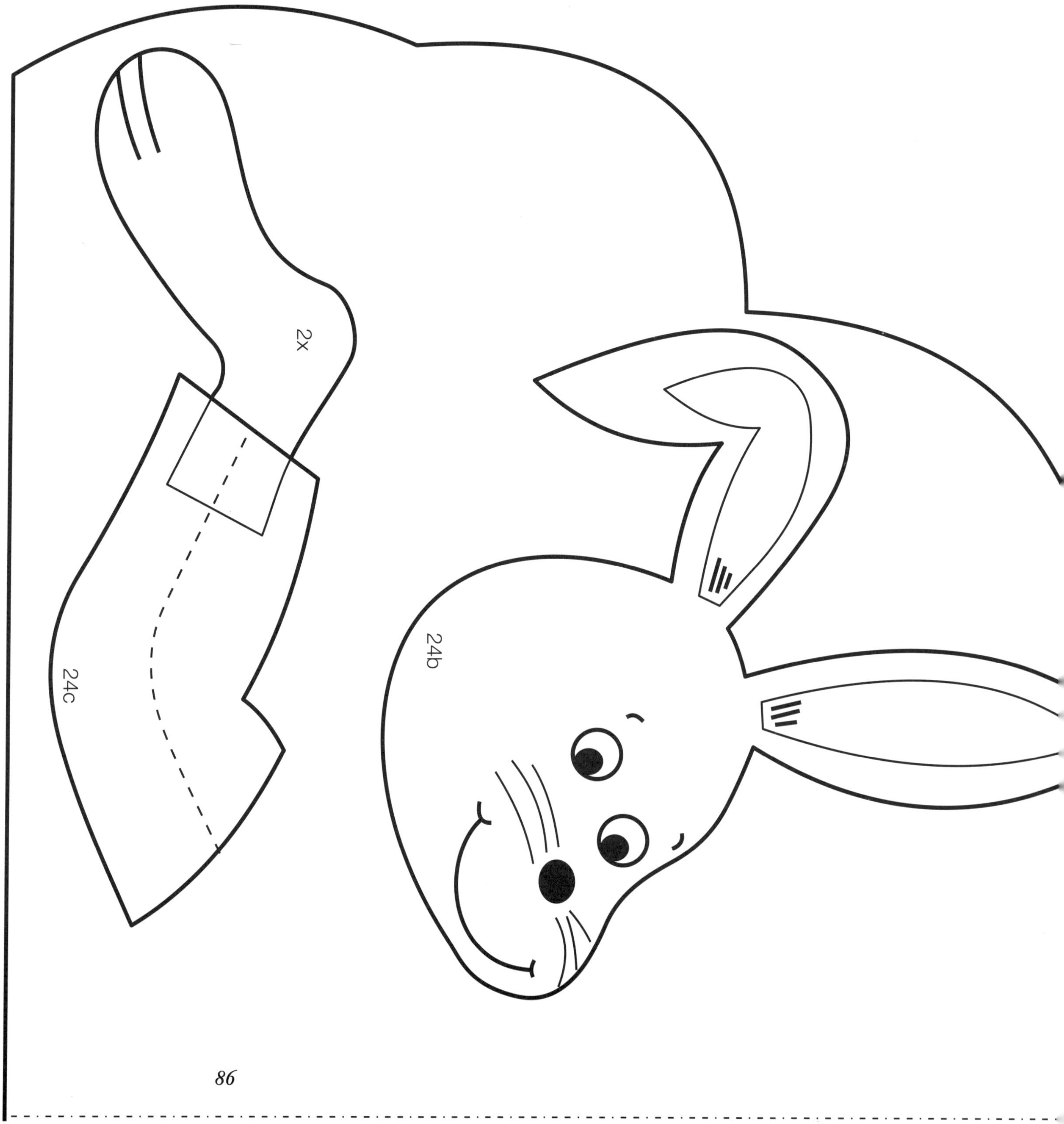
2x
24b
24c

24d
24e
24g
24h
24a
24f

25a
42 cm
25b

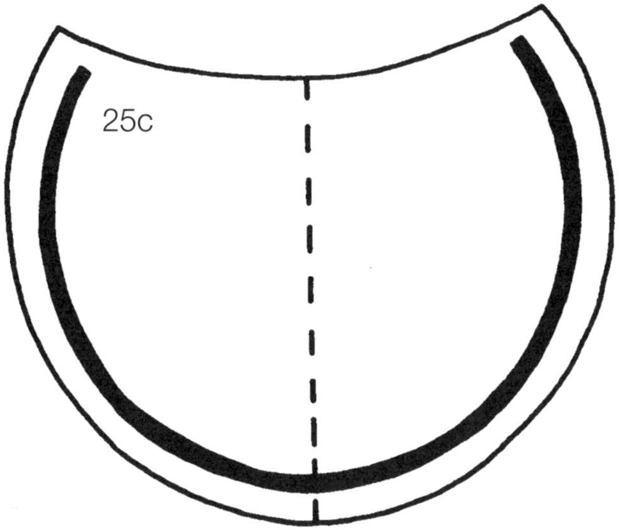
25c

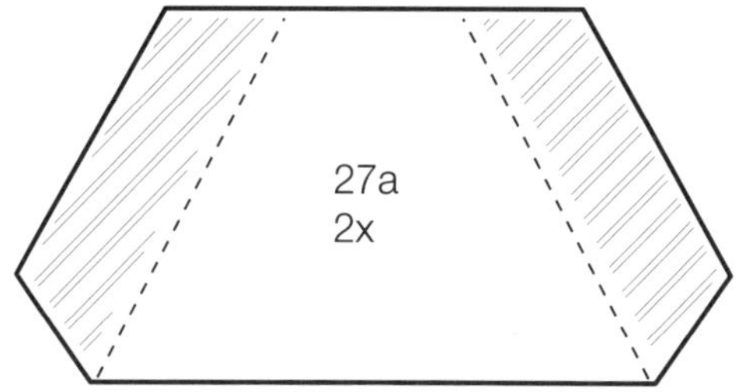
27a
2x

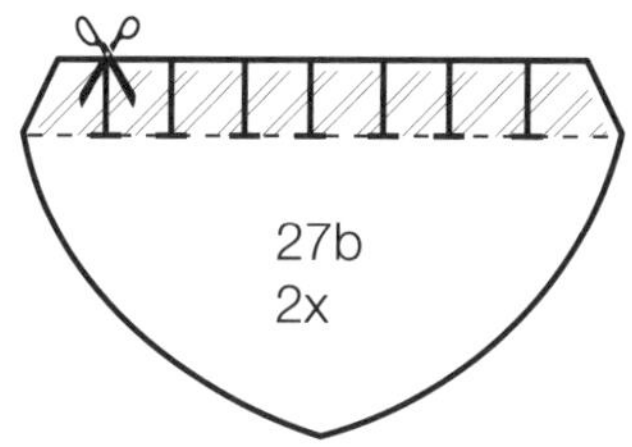
27b
2x

+ 22 cm
26
2x

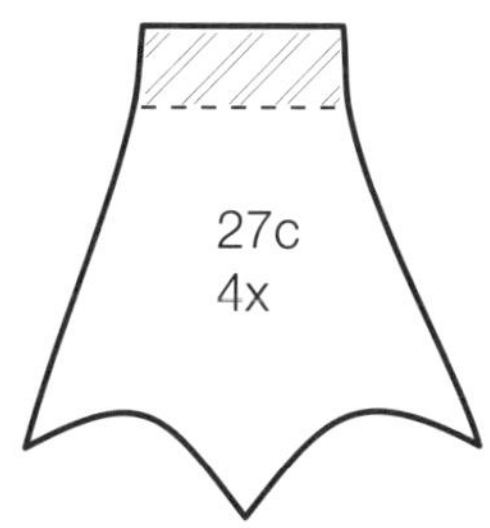
27c
4x

28d
4x

28a

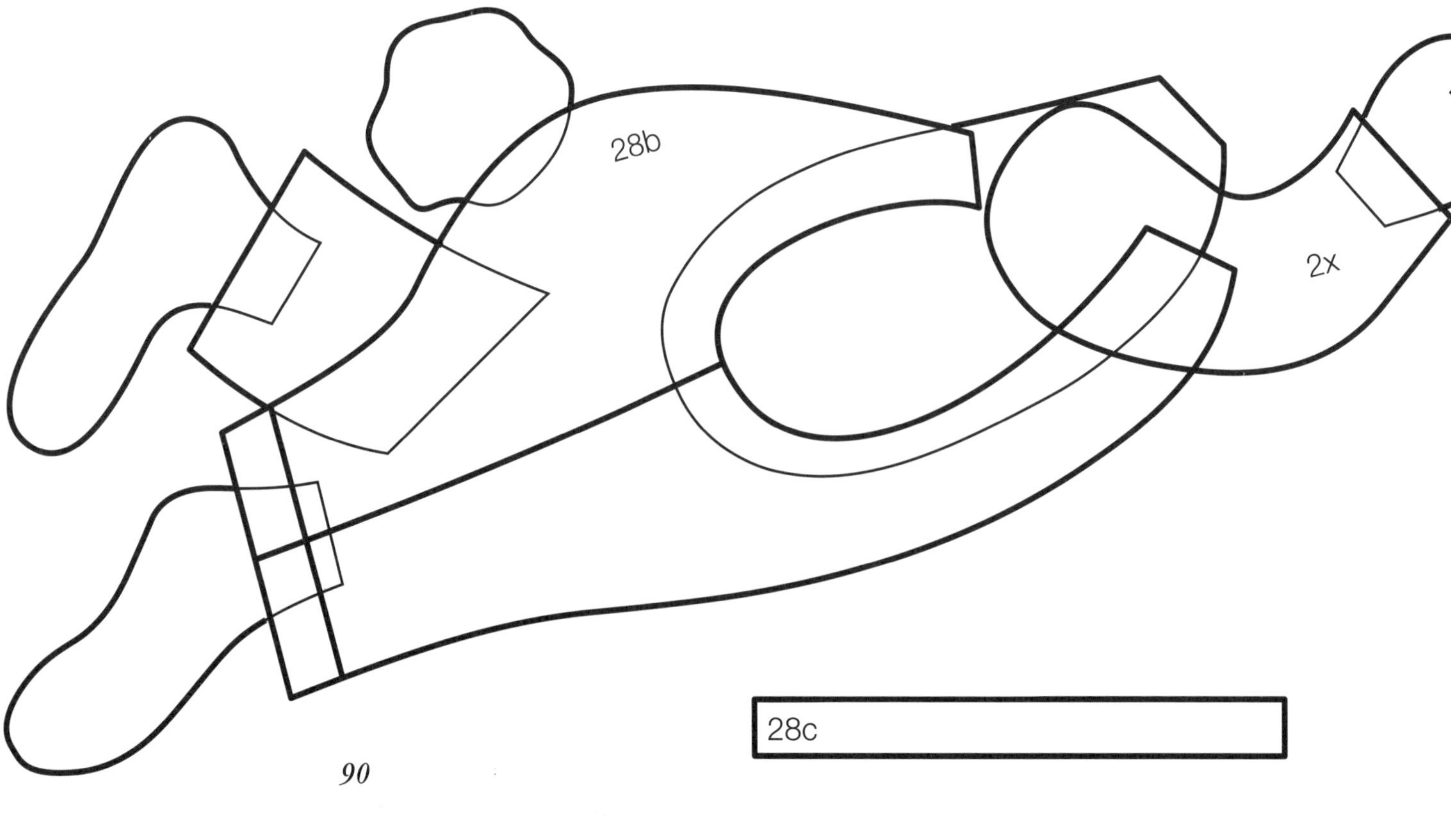
28b
2x
28c

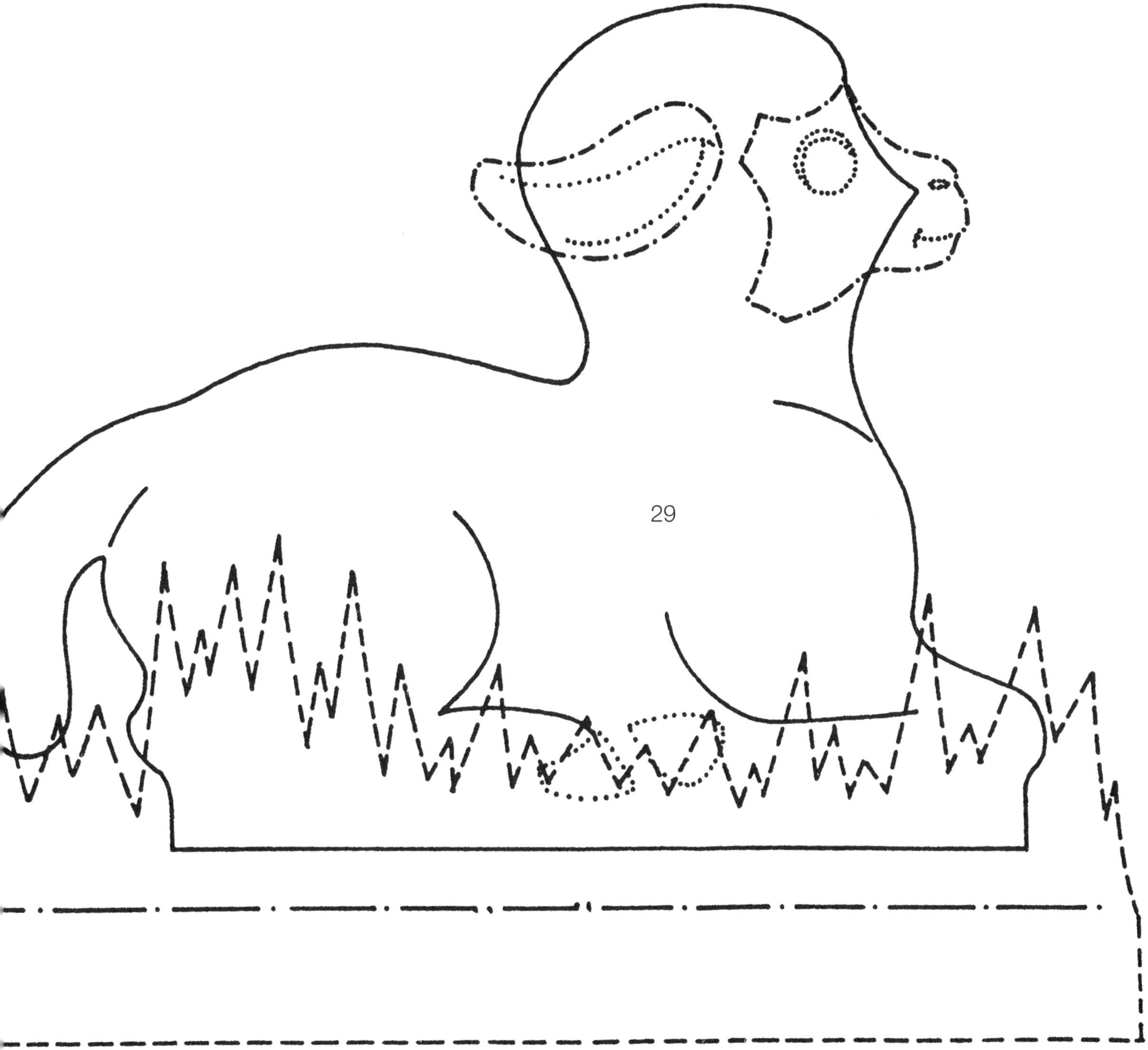
29

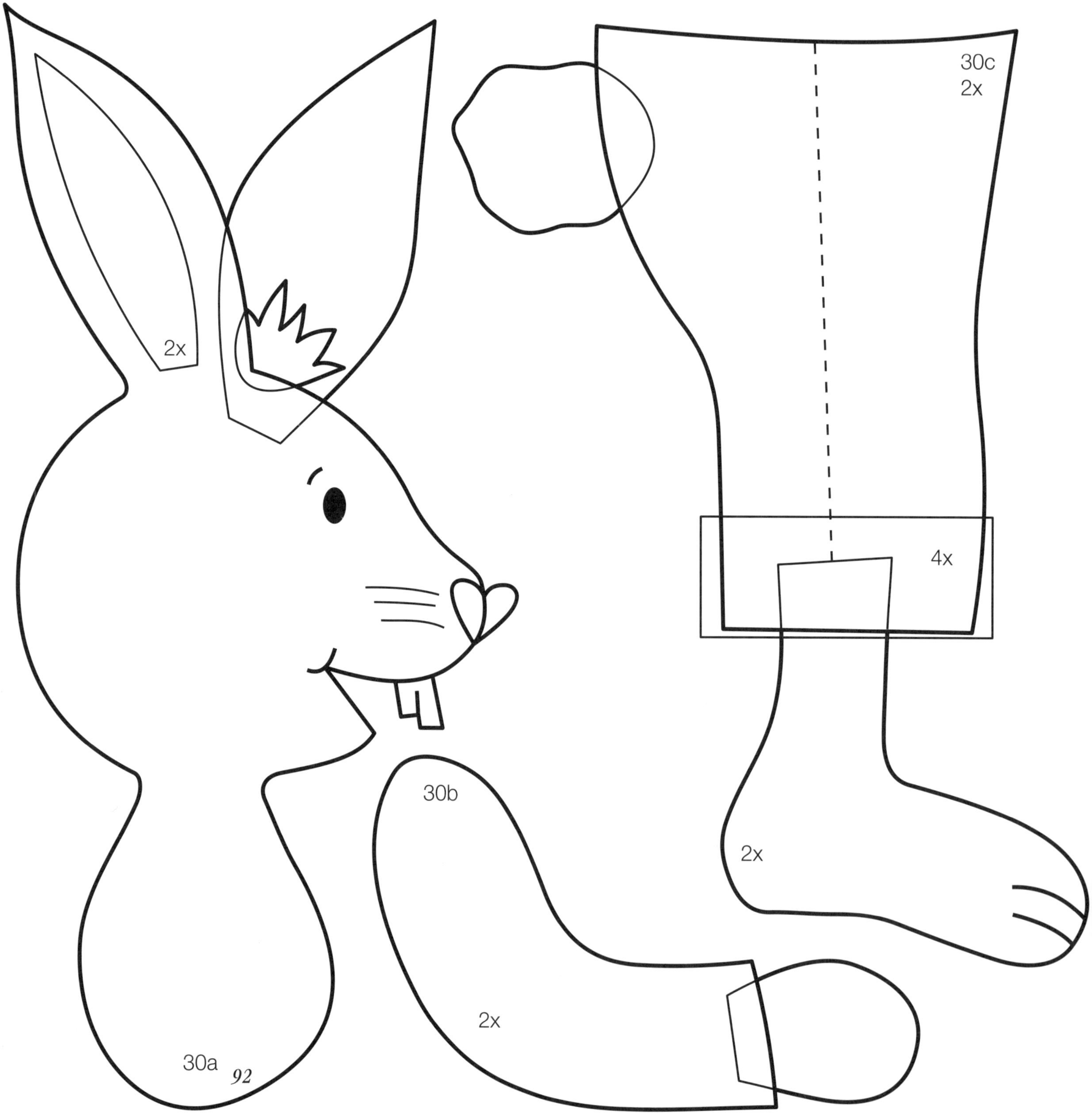
2x
30c
2x
4x
30b
2x
2x
30a

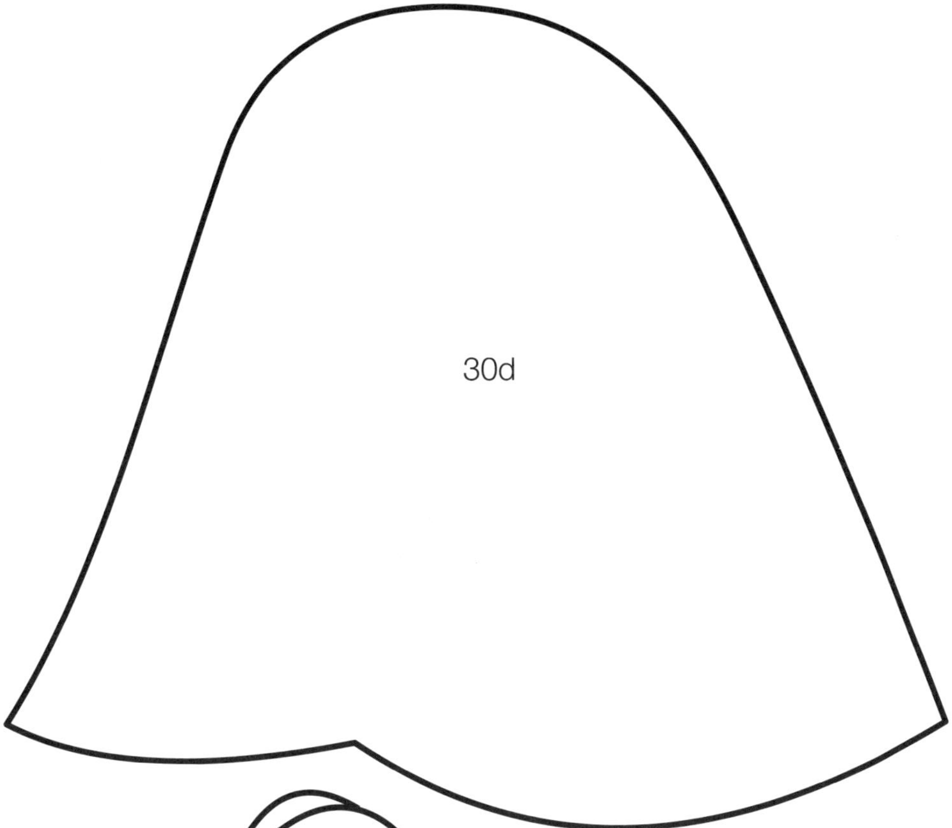
30d

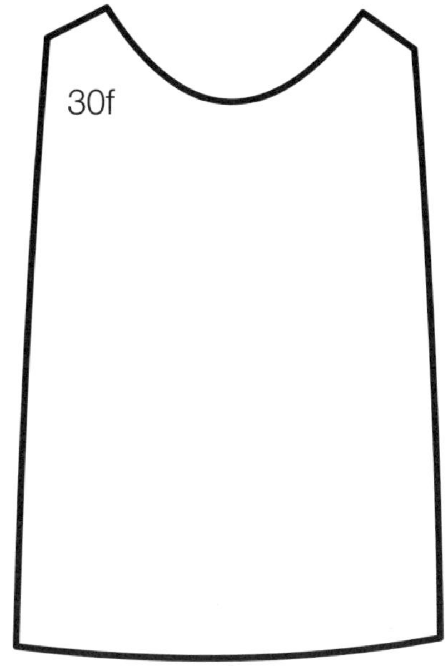
30f

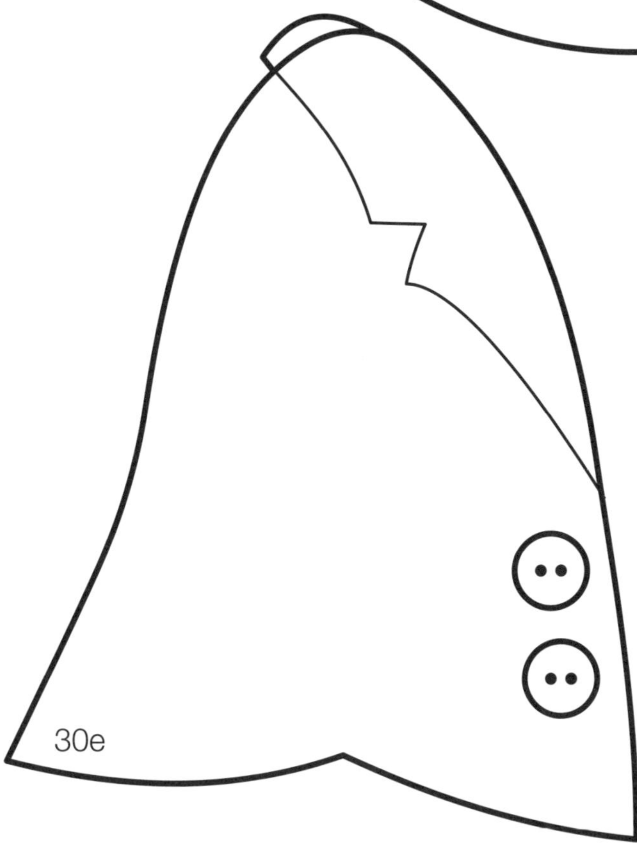
30e

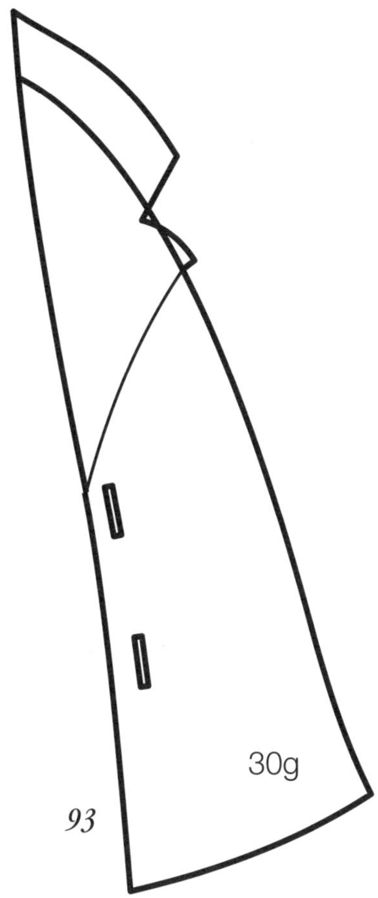
30g

Impressum

Autorinnenverzeichnis:

Erika Bock, Seiten 28 bis 31
Gabriele Büttner-La Paglia, Seiten 10/11
Gudrun Hettinger/Röhm, Seiten 9, 24/25, 66/67
Siegi Kaufmann, Seiten 62/63
Hilda Kellermann-Rietl, Seiten 42/43
Jessica und Inge König, Seiten 26/27
Ingrid Moras, Seiten 16 bis 19, 38/39, 44/45, 54/55
Monika Neubacher-Fesser, Seiten 32/33
Angelika Nowotny, Seiten 34/35, 40/41, 52/53, 56/57, 60/61, 64/65
Sonja Prohaska, Seiten 20 bis 23
Ursula Ritter und Patricia Dehmel, Seiten 12 bis 15
Ursula Ritter, Seiten 46 bis 51
Andrea Seifert, Seiten 36/37, 58/59

Bildnachweis:

Roland Krieg, Seiten 16 bis 19, 32/33, 38/39, 44/45, 54/55
Peter Nielsen, Seiten 10/11, 24/25, 66/67
Christoph Schmotz, Seiten 9, 12 bis 15, 20 bis 23, 26 bis 31, 34 bis 37, 40 bis 43, 46 bis 53, 56 bis 65

ISBN 3-419-53574-0

2. Auflage 2000

Umschlaggestaltung und Layout: Network!, München
Produktion: Print Production, Umkirch
Vorlagen: Holger Simon, Freiburg
Druck: Proost, Turnhout 2000